La Truffe: Étude Sur Les Truffes Et Les Truffières

F. M. Camille De Ferry De La Bellone

BIBLIOTHÈQUE SCIENTIFIQUE CONTEMPORAINE

LA TRUFFE

ÉTUDE

SUR

Les Truffes et les Truffières

LIBRAIRIE J.-B. BAILLIÈRE et FILS

Bibliothèque Scientifique Contemporaine

A 3 FR. 50 LE VOLUME

Nouvelle collection de volumes in-16, comprenant 300 à 400 pages, imprimés en caractères elzéviriens et illustrés de figures intercalées dans le texte.

LA SUGGESTION MENTALE et l'action des médicaments à distance, par MM. BOURRU et BUROT. 1 vol. in-16 avec figures. . . . . 3 fr. 50

LE SOMNAMBULISME PROVOQUÉ. Études physiologiques et psychologiques, par H. BEAUNIS, prof. à la Faculté de Nancy. 1 vol. in-16, fig. 2ᵉ *édit.* 3 fr. 50

MAGNÉTISME ET HYPNOTISME. Phénomènes observés pendant le sommeil nerveux, par le Dʳ A. CULLERRE. 1 vol. in-16, 28 fig. 2ᵉ *édit.* . 3 fr. 50

NERVOSISME ET NÉVROSES. Hygiène des énervés et des névropathes, par le Dʳ A. CULLERRE. 1 vol. in-16. . . . . 3 fr. 50

HYPNOTISME, DOUBLE CONSCIENCE ET ALTÉRATIONS DE LA PERSONNALITÉ, par le Dʳ AZAM, profess. à la Faculté de Bordeaux. 1 vol. in-16, avec fig. 3 fr. 50

LE CERVEAU ET L'ACTIVITÉ CÉRÉBRALE au point de vue psycho-physiologique, par ALEX. HERTZEN, prof. à l'Académie de Lausanne. 1 vol. in-16. 3 fr. 50

LES ANCÊTRES DE NOS ANIMAUX. dans les temps géologiques, par Albert GAUDRY, prof. au Muséum, membre de l'Institut. 1 vol. in-16, avec fig. 3 fr. 50

LES PYGMÉES. Les Pygmées des anciens d'après la science moderne, les Négritos ou Pygmées asiatiques, les Négrilles ou Pygmées africains, les Hottentots et les Boschismans, par A. DE QUATREFAGES, professeur au Muséum, membre de l'Institut. 1 vol. in-16, avec figures. . . . . . 3 fr. 50

L'HOMME AVANT L'HISTOIRE, par CH. DEBIERRE, agrégé de la Faculté de Lyon. 1 vol. in-16, avec figures. . . . . 3 fr. 50

SOUS LES MERS. Campagnes d'explorations sous-marines, par le marquis de FOLIN, membre de la Commission des dragages. 1 vol. in-16, fig. 3 fr. 50

LE SECRET MÉDICAL. Honoraires, mariage, assurances sur la vie, déclaration de naissance, expertise, témoignage, etc., par P. BROUARDEL, professeur et doyen à la Faculté de Paris. 1 vol. in-16. . . . . . . 3 fr. 50

MICROBES ET MALADIES, par J. SCHMITT, professeur agrégé à la Faculté de Nancy. 1. vol. in-16, avec 24 figures. . . . . 3 fr. 50

LA GALVANOPLASTIE, le nickelage, l'argenture, la dorure et l'électro-métallurgie, par E. BOUANT, agrégé des sciences. 1 vol. in-16, avec fig. 3 fr. 50

LA COLORATION DES VINS par les couleurs de la houille, méthode analytique et marche systématique pour reconnaître la nature de la coloration, par P. CAZENEUVE, profess. à la Faculté de Lyon. 1 vol. in-16, avec 1 pl. 3 fr. 50

LES ABEILLES, Organes et fonctions, éducation et produits, miel et cire, par MAURICE GIRARD, président de la Société entomologique de France. 1 vol. in-16, avec 30 figures et 1 planche coloriée. *Deuxième édition.* 3 fr. 50

LA PRÉVISION DU TEMPS et les prédictions météorologiques, par H. DALLET. 1 vol. in-16, avec 40 figures. . . . . 3 fr. 50

LE LAIT. Études chimiques et microbiologiques, par DUCLAUX. professeur à la Faculté des sciences de Paris. 1 vol. in-16, avec figures. . 3 fr. 50

LES TREMBLEMENTS DE TERRE, par FOUQUÉ, professeur au Collège de France, membre de l'Institut. 1 vol. in-16. . . . . 3 fr. 50

L'ORIGINE DES ARBRES CULTIVÉS, par M. DE SAPORTA, correspondant de l'Institut de France. 1 vol. in-16, avec figures. . . . . . . 3 fr. 50

J.B Baillière & Fils

La Truffe

ÉTUDE

SUR

LES TRUFFES ET LES TRUFFIÈRES

PAR

Le Dᴿ C. ᴅᴇ FERRY ᴅᴇ LA BELLONE

ANCIEN PRÉSIDENT DE LA SOCIÉTÉ DE MÉDECINE DE VAUCLUSE
PRÉSIDENT DU COMICE AGRICOLE
VICE-PRÉSIDENT DU CONSEIL D'HYGIÈNE DE L'ARRONDISSEMENT D'APT
MEMBRE DE LA SOCIÉTÉ MYCOLOGIQUE DE FRANCE

AVEC UN DESSIN DE M. PAUL VAYSON
Et 21 figures intercalées dans le texte

PARIS

LIBRAIRIE J.-B. BAILLIÈRE ᴇᴛ FILS

RUE HAUTEFEUILLE, 19, PRÈS DU BOULEVARD SAINT-GERMAIN

1888

F3997t

PRÉFACE

En écrivant ce livre sur la Truffe, je n'ai fait qu'obéir à la tradition constante du Comice agricole d'Apt, pour lequel l'étude de ce tubercule et de sa production sont l'objet d'une préoccupation légitime.

Déjà, M. Michel-Étienne Bonnet et M. H. Bonnet, l'un président, l'autre vice-président de cette Association, avaient consacré à la Truffe des articles et une Monographie.

La Truffe est, du reste, l'objet d'une étude spéciale dans Vaucluse, et les recherches publiées par M. Grimblot témoignent de l'intérêt que lui porte l'Administration des forêts.

A ces études, j'ai essayé d'ajouter quelque chose. Les facilités de relation que ma profession m'a données, la connaissance exacte et étendue du pays que l'exercice de la médecine m'a permise, une longue pratique de la micrographie et de la photomicrogra-

phie m'ont aidé à faire quelques investigations nouvelles.

En traitant ce sujet aussi goûté qu'il est peu connu,
j'ai essayé de n'y rien omettre des notions que les
investigations modernes ont données de la Truffe.
J'aurais voulu y exposer, d'une manière complète, la
question de la fécondation des spores et celle de leur
germination, mais, sous ce rapport, une foule de
Cryptogames ne nous fournissent encore que des
indications incertaines, et, pour la Truffe, l'obscurité
est complète.

J'ai donc pensé qu'il fallait ne point donner des
hypothèses et des analogies, à la place des explications que seules pourront fournir, avec le temps,
l'observation et l'expérience.

Au contraire, toutes les questions où l'expérience
et l'observation donnent des solutions positives et
précises ont été l'objet d'une exposition détaillée.

Pour le côté scientifique, je me suis étendu sur
l'anatomie de la Truffe, sur l'existence controversée
de son *mycélium*, sur sa structure générale comparée
à celle des Champignons.

Pour le côté pratique, j'ai exposé l'influence du sol
et du climat, puis celle des essences forestières sur
sa production, et j'ai été conduit à m'occuper des
truffières artificielles, de leur création et de leur exploitation.

J'ai dit aussi la distribution géographique et géologique des Truffes, l'importance de leur commerce,

les procédés mis en usage pour leur recherche et pour leur conservation.

Enfin un chapitre a été consacré à la jurisprudence suivie aujourd'hui pour protéger la production de la Truffe, dans le midi de la France.

L'Administration des forêts s'est montrée pour moi d'une rare obligeance. Aussi, après avoir cité M. le conservateur Grimblot, à la longue pratique et à la volumineuse correspondance duquel j'ai beaucoup emprunté, serais-je mal venu de ne point le remercier du concours qu'il m'a prêté, au cours des recherches exposées dans ce livre.

A côté de ce collaborateur éminent, à qui la *truffi-culture* doit beaucoup et à l'expérience duquel moi je dois tant, j'ai le devoir aussi de remercier des colla-borateurs plus modestes.

De nombreux *Truffiers* m'ont, en effet, secondé dans mes recherches et m'ont fourni, avec un em-pressement que je ne saurais trop reconnaître, des renseignements et des faits.

Aussi, n'est-ce que justice de citer MM. Caire, de Croagnes ; Paulin Carbonnel, de Caseneuve ; Jouval, Guigou, Redon, F. Guerre, Auguste Cartoux, de Saint-Saturnin ; Jacques Agnel, Elzéar Agnel, d'Apt ; Antoine Chabaud et Constantin Chabaud, de Buoux ; Hilarion Argaud, de Murs ; Bardouin, d'Apt ; Auguste Fouquette, de Céreste ; Barthé, de Viens.

J'ai pensé qu'un dessin figurant la recherche de la Truffe pourrait intéresser ceux à qui leur éloignement de la campagne n'a jamais permis d'assister a ce genre de fouille.

Le chercheur de Truffes avait déjà été peint, en France, par Decamps et, en Allemagne, par Frantz Kollarz. Ces tableaux sont exacts ; la toile de Decamps, reproduite par l'eau-forte, est de grande valeur, mais, sur les deux tableaux, la pose des principaux *personnages* est trop recherchée.

J'ai demandé à mon ami M. Paul Vayson une réduction de la toile remarquable qu'il a exposée au Salon de 1886 et qui représente, avec une vérité saisissante et un naturalisme de bon goût, celui-là, la recherche de la Truffe, à notre grand soleil du Midi. Je remercie M. Paul Vayson de son beau dessin que la pointe de M. P. Dujardin a si bien rendu. Cette jolie gravure, les soins que MM. Baillière ont apportés à cette édition, dont les figures absolument exactes ont été photogravées, donneront, je l'espère, quelque attrait à mon livre que j'ai pourtant essayé de faire utile et pratique.

Le lecteur dira si j'y suis arrivé.

D^r DE FERRY DE LA BELLONE.

Apt, 15 janvier 1888.

LA TRUFFE

ÉTUDE

sur
Les Truffes et les Truffières

CHAPITRE PREMIER

DE LA TRUFFE

Historique. — Les diverses hypothèses qui ont été émises sur sa nature et sur sa production : galle souterraine, excrétion radiculaire, etc., etc.

Contrairement à l'usage qui veut qu'on définisse tout d'abord les objets dont on va s'entretenir, je ne donnerai pas de la Truffe une définition.

Tout le monde connaît, du reste, ce condiment de haut goût que la province expédie à Paris, vers l'approche du jour de l'an, que l'agriculture s'ingénie à produire, que l'industrie a réussi à conserver, et que ses qualités, attestées par sa vieille réputation, ont sauvé de l'instabilité de la mode.

Bien vieille est en effet la réputation de la Truffe.

Les Grecs et les Romains la connaissaient et l'appréciaient déjà, puisque Théophraste, Dioscoride et Pline en ont écrit et que Martial, dans ses *Épigrammes*, et Juvénal, dans ses *Satires*, en ont parlé.

Théophraste, en la faisant figurer dans son *Histoire des plantes*, reconnaît son origine végétale, mais il fait remarquer, toutefois, qu'elle est privée de racines.

A cette époque déjà, qui remonte à trois siècles avant Jésus-Christ, quelques personnes croyaient que la Truffe contenait en elle-même le principe de sa reproduction et qu'elle venait de graines.

Cette notion si naturelle et si simple, qui veut qu'un être vivant procède de parents semblables à lui-même et qu'on retrouve déjà si loin dans les écrits du naturaliste grec, s'est avec le temps bien obscurcie, et il ne faut pas attendre longtemps pour que la plus grande confusion s'établisse et règne à propos de l'origine de la Truffe. Pour Pline, elle n'était déjà plus qu'un agrégat des éléments du sol.

Les tonnerres, par les orages et les pluies qu'ils entraînent avec eux, favorisent la végétation de la Truffe, au même titre qu'ils activent toute végétation ; de là à admettre que cet être mystérieux et souterrain, à la naissance duquel jamais regard humain n'avait assisté, se formait de toute pièce, d'un coup de foudre, il n'y avait qu'un pas, et le pas fut vite franchi.

Cette explication n'était point cependant pour satisfaire les esprits et rallier tous les suffrages.

Aussi fut-on disposé à admettre pour la Truffe un

mode de formation moins extraordinaire et qui ne fut pas sans analogie avec ce que la nature nous montre parfois.

Certains arbres, sous l'influence de causes diverses, laissent exsuder, à travers l'écorce de leurs pieds ou de leurs branches, des amas de matières gommeuses : on admit tout de suite que la Truffe pouvait se réclamer de ce mode de formation et qu'elle était constituée par une exsudation des racines.

Cette exsudation, espèce de *pituite* des arbres, spontanée pour quelques-uns, était provoquée pour d'autres, soit que la racine eût été tourmentée dans son parcours, ou qu'elle eût été blessée par l'action d'un instrument ou la piqûre d'un insecte.

A ce point une *excrétion* devait se produire, et c'est de cette excrétion que la Truffe serait venue.

Cette erreur, tenace comme toutes les erreurs, devait franchir le cours des siècles et arriver jusqu'à nous; elle a été défendue, avec talent et avec conviction, dans ces dernières années.

L'excrétion provoquée sur les racines, par la piqûre d'un insecte, avait, du reste, dans les faits, quelque chose qui semblait la justifier.

A certains moments, on voit sur les places truffières voltiger une petite mouche que les chercheurs connaissent bien et qui leur est, dans bien des cas, une indication précieuse. Cette petite mouche apparaît, sur les truffières, dans des conditions bien déterminées, mais que ceux qui nous ont précédés ne connaissaient pas.

De tous les êtres qui composent la création, l'homme n'est pas le seul à aimer les Truffes, et, dans cette voie comme dans bien d'autres, il a eu des précurseurs.

De petits insectes, des coléoptères appartenant au genre *Anisotoma*; des diptères : les *Helomyza*, les *Curtonevra*, les *Anthomya*, les *Phora*, les *Cheilosia*; des tipules : les *Sciara*, élisent domicile dans les Truffes, quand ils sont à l'état de larve, et en font aussi leur nourriture.

C'est dans les excavations qu'ils s'y creusent en les dévorant que les larves subissent les transformations qui les amènent à l'état d'insectes parfaits.

Arrivés à ce moment, les insectes aspirent à l'air et à la lumière, et ils se font, à travers la terre, le chemin qui les y conduira. Mais à peine ont-ils touché la surface du sol qu'ils s'enfuient à tire d'aile.

Le grand acte de la fécondation terminé, ils reviennent sur les places truffières, ils y voltigent en tourbillonnant, puis plongent dans la terre : ils ont trouvé une Truffe dans laquelle ils déposent leurs œufs. Cet acte terminé, le cycle de leur évolution est fini, et, qu'ils soient restés sur la Truffe ou qu'ils en soient ressortis, ils ne tardent pas à mourir.

A voir ces insectes exécuter ainsi, au-dessus des truffières, dans un rayon de soleil, les actes et les recherches qui, ayant la Truffe pour objet, ont pour but leur propagation à eux-mêmes, on pouvait se faire illusion et croire à une action des insectes sur la formation de la Truffe.

Si l'on avait mieux connu les Truffes, on aurait pu supposer, et non point sans raison peut-être, que les insectes, ces agents de destruction et de transformation dont l'activité est incessante, constituaient peut-être aussi pour leurs organes de propagation des agents de dissémination d'une puissance infinie; mais on ne les connaissait pas, ou on ne les connaissait que bien peu.

Aussi sembla-t-il tout naturel, à certains praticiens, de penser que les mouches voltigeant sur les places truffières s'enfonçaient dans la terre jusqu'à la rencontre des racines pour les piquer et y déposer leurs œufs. De cetre piqûre venait la Truffe.

Cette théorie de la mouche truffigène, imaginée par M. Ravel, de Montagnac, trouva, dans M. Jacques Valserres, un avocat qui mit à la défendre et à la propager, sa verve spirituelle et incisive. Elle fut adoptée par les gens du monde et beaucoup la professent encore.

Ce n'est point le moment d'examiner la valeur de cette théorie. Je dois exposer, avant d'en faire une critique générale, les autres théories émises sur la nature et la formation de la Truffe.

Mais la critique des théories ne dispense point de tenir compte des faits, et il est un fait d'une importance extrême dont il est nécessaire de prendre note dès à présent.

Il résulte, en effet, autant des théories de l'excrétion que de celle de la piqûre de la mouche, que c'est sur les arbres mêmes, sur leurs racines ou sur leurs radicelles, que les Truffes se développeraient.

Cette relation entre l'arbre et la Truffe devait bientôt donner naissance à une théorie nouvelle dont le hasard fut l'initiateur, que je vais rapporter, et qui, si elle est fausse, a eu tout au moins le mérite de donner à la pratique de la trufficulture une base d'une solidité extrême.

Il y a près de quatre-vingts ans, un petit propriétaire de Vaucluse eut l'idée d'ensemencer de glands une parcelle de terre pierreuse de nulle valeur.

Il ne fut pas peu surpris, une dizaine d'années plus tard, d'y découvrir quelques Truffes, un jour que, par hasard, il traversait cette terre avec sa laie. Cet homme se rappela bientôt que les glands semés par lui avaient été recueillis sur des arbres au pied desquels venaient des Truffes et il ne douta pas un instant que les nouveaux Chênes n'eussent hérité de leurs parents la faculté d'être truffiers.

Fort de cette idée, il recueillit sur des chênes truffiers des glands de belle venue et il en fit de nouveaux semis qui produisirent également des Truffes au bout de dix ans. Le secret de la trufficulture était trouvé, et l'heureux possesseur se garda bien de l'ébruiter.

Longtemps il fit bonne garde autour de ses chênes, arrachant, pour le soustraire à la convoitise de ses voisins et avant la maturation, tout gland qui avait le malheur de se montrer sur une branche. Mais, si vigilante qu'eût été la garde, le secret fut bientôt surpris.

Les imitateurs ne manquèrent pas alors, qui transformèrent des pentes arides en truffières productives et qui substituèrent bientôt à la récolte incertaine de la truffe en forêt la récolte infiniment plus facile et plus sûre du semis de Chênes.

Le semis de Chênes amenait la Truffe. De là à dire que le Chêne était producteur de la Truffe il n'y avait pas loin, et la théorie du *Chêne truffier* était née.

Je n'ai point à examiner encore la théorie que je viens de signaler. Qu'il me suffise de dire que, malgré ses exagérations, et bien qu'elle ait été l'occasion de réclames excessives, pour favoriser la vente de *plants* et de *glands truffiers*, sans valeur certaine à coup sûr, elle a été pour la trufficulture plus qu'un événement considérable; qu'elle a amené une ère nouvelle pour la reconstitution des forêts, et qu'elle a eu le rare mérite, malgré son insuffisance, de mettre d'accord, au point de vue pratique, tous ceux qui se sont occupés de la Truffe.

Le promoteur de la méthode avait dit en effet : *Voulez-vous des Truffes, semez des glands truffiers.*

Après des luttes nombreuses où les partisans de la mouche truffigène ont essayé de faire disparaître, sous des flots d'encre et sous des monceaux de papier, les partisans du Chêne truffier qui le leur rendaient bien, il s'est rencontré qu'il a suffi de biffer un seul mot pour que la même devise réunît, dans un touchant accord, les partisans des théories anciennes et ceux des théories nouvelles : *Pour avoir des Truffes, semez des glands.*

Mais comment le Chêne qui vient du gland produit-il la Truffe ? Est-ce une modification du sol sous l'influence des racines qui lui donne cette aptitude ? La Truffe est-elle, au contraire, liée à l'arbre, en est-elle indépendante, en est-elle un parasite permanent ou seulement temporaire? C'est une autre théorie, celle du *parasitisme.*

Léveillé a bien prétendu qu'il avait trouvé, dans les environs d'Orange, des Truffes éloignées de tout arbre. Malgré cette observation, qu'un botaniste comme M. Van Tieghem ne pouvait ignorer, M. Van Tieghem croit à la probabilité du parasitisme, et j'ai dès lors infiniment moins de raison pour n'y point croire à mon tour.

M. Léveillé, du reste, dans son observation n'a pas mentionné quelle Truffe il avait rencontrée ; l'oubli vaut la peine d'être relevé, car les variétés de Truffes sont nombreuses, on le verra plus loin.

Mais avec la mouche truffigène et le gland truffier, le parasitisme et l'autonomie, nous voilà loin de Théophraste, de Dioscoride et de Pline.

C'est qu'en effet, de Théophraste au XVIIe siècle, les explications sur la Truffe n'étaient point sorties des subtilités de la scolastique et qu'il faut passer Arétée, Galien, Paul d'Égine, Razès et Avicenne pour arrriver à Ray et à Mentzel.

Ces deux auteurs admirent, dans les Truffes et dans

les Champignons, l'existence de semences qu'au
XVIIIe siècle Tournefort et Geoffroy le jeune purent
enfin apercevoir.

Dès ce moment, et avec les instruments que l'op-
tique mettait à la disposition des chercheurs, la botanique entrait dans une phase nouvelle.

A l'observation des formes extérieures des plantes,
l'observation des formes intérieures et des éléments
primordiaux qui les composent venait s'ajouter. La
Truffe devait bénéficier de ces moyens d'étude; elle
devait prendre, grâce à eux, dans la série des végétaux, la place que je dirai tout à l'heure.

A partir de Tournefort et de Geoffroy le jeune, il
n'est plus un botaniste qui ne se soit occupé de la
Truffe, tout au moins pour la mentionner, quelquefois
pour la décrire, souvent aussi pour la faire entrer dans
une nomenclature.

A cette tâche nul n'a failli, et de Micheli à Berkley
il faudrait citer tous les noms.

Mais il faut arriver toutefois à une date relativement
récente pour trouver sur la Truffe des travaux spéciaux et qui marquent : je viens de nommer les
travaux de MM. Tulasne et de Vittadini.

C'est en 1831, à Milan, que Charles Vittadini publia
la première monographie écrite sur les *Tubéracées*.
L'histoire des *Champignons hypogés* était toute à faire
à ce moment, et ce fut à l'occasion de son *Traité des
Champignons comestibles* que M. Vittadini l'entreprit.

En étudiant les Tubéracées du Piémont, avec les

moyens encore imparfaits que l'on possédait alors, et en l'absence de toute technique déjà connue, M. Vittadini fit une œuvre extrêmement remarquable, et il émit, sur la structure de ces Champignons, des considérations sur lesquelles j'aurai souvent l'occasion de revenir.

C'est en 1852 que M. Tulasne présenta à l'Académie des sciences le merveilleux *Traité des Champignons hypogés*, véritable monument élevé à la gloire de la mycologie française.

On ne peut s'occuper de *tubérologie* sans faire du travail de M. Tulasne son livre de chevet et on reste confondu, chaque fois qu'on le consulte, de la masse de détails qu'il renferme, de l'incomparable précision des recherches et de la probité scientifique avec laquelle cet admirable livre a été composé et écrit.

A la suite de Vittadini, qui avait donné le signal, après M. Tulasne qui venait de s'établir en maître sur le domaine de la mycologie souterraine, les Truffes furent l'objet de recherches et de publications spéciales de la part de plusieurs botanistes. Je ferai connaître leurs noms et leurs ouvrages dans le cours de ce livre sans qu'il soit nécessaire d'y plus insister ici.

Il résulte des recherches de ces divers auteurs qu'il existe une grande variété de Champignons hypogés confondus sous le nom de Truffe.

Le mot *Truffe* n'est donc plus qu'une désignation générique s'appliquant à un certain nombre d'individus constituant sous un aspect souvent uniforme des espèces particulières et distinctes, ou des genres distincts sous des aspects variables.

Les Truffes comestibles mangées communément en Piémont ne sont pas toujours les mêmes que celles que nous recherchons en France.

Quelles étaient donc, au temps de Théophraste, de Dioscoride et de Pline, celles que mangeaient les Grecs et les Romains ?

Entre Juvénal qui fait dire par Alledius : *Lybie, garde ton blé pourvu que tu nous envoies des Truffes*, et Galien qui les qualifie de *matières sans goust et aigueuses* et de nourriture fade et sans qualité, la critique a de la marge pour s'exercer.

Heureusement ce n'est là qu'une question de curiosité tout à fait rétrospective et dont la solution, si elle était possible, n'offrirait rien d'utile, rien au moins qui pût modifier l'opinion que nous avons des Truffes d'aujourd'hui.

Je ne m'occuperai donc pas des *Dudaïms* de la Bible que Lia paya si cher à Rachel et qui feraient remonter à 1620 ans avant Jésus-Christ la gourmandise de l'homme pour la Truffe, si les Dudaïms sont des Truffes, pas plus que je ne chercherai à démontrer que l'*Hydnum* des Grecs et des Romains correspondait à nos Truffes à nous.

Celles-ci, non seulement les botanistes les ont décrites et classées, mais là où Galien disait non, elles ont trouvé des poètes qui ont chanté leurs vertus et des gourmets qui ont célébré leurs qualités.

Étudiées par les botanistes, chantées par les poètes, célébrées par les gourmets, dotées par quelques médecins de propriétés précieuses... si elles n'étaient pas contestables, elles sont devenues pour l'agriculture française et pour l'industrie l'objet d'un profit considérable.

C'est plus qu'il n'en faut pour nous intéresser; c'est plus qu'il n'en faut pour appeler une fois encore l'attention sur elles et pour insister sur les services réels, matériels et tangibles qu'elles peuvent nous rendre.

Ce que je viens de dire des travaux de Tournefort, de Vittadini et de Tulasne, rejette bien loin les hypothèses d'après lesquelles les Truffes n'auraient été que des produits informes de la terre, des excrétions des racines, ou des galles souterraines produites sur les racines par des piqûres d'insectes.

Le terrain débarrassé, sans autre discussion, de ces conceptions extra-scientifiques, je pourrai aborder l'étude de sa véritable nature dans le chapitre suivant.

CHAPITRE II

Nature de la Truffe. — Sa place dans le règne végétal. — Son
étude botanique. — La Truffe est un Champignon. — Étude de
son mycélium.

Avec Ray et Mentzel nous avions quitté le domaine
des hypothèses ; avec Vittadini, avec M. Tulasne
surtout, nous sommes arrivés à l'étude organogra-
phique de la Truffe, et nous voilà maintenant fixés
sur sa nature : c'est un végétal, et ce végétal est un
Champignon.

Arrivés au point de perfection où les botanistes
ont poussé aujourd'hui les moyens de recherches, la
détermination de la nature de la Truffe ne serait plus
qu'un jeu. Il n'en allait point de même dans l'antiquité et au Moyen Age, et c'était faire preuve alors
d'un rare esprit d'observation que de ranger, dans
une même classe, des êtres au premier abord aussi
disparates que la Truffe et un Agaric.

Tandis que l'Agaric vient en pleine lumière, sous

l'ombre des bois, à la lisière des prés, aux premiers soleils du printemps ou aux derniers rayons d'automne ; tandis qu'il est une manifestation extérieure, la seule évidente, d'une végétation souterraine, la Truffe fuit la lumière et poursuit, dans l'obscurité et la profondeur de la terre, des phases qui nous seront longtemps ignorées.

Rien dans ses caractères physiques, si ce n'est parfois son odeur, ne décèle sa parenté avec les Agarics et les Bolets, ces types du Champignon que tout le monde connaît.

Si pourtant nous prenons le chapeau d'un Agaric et si nous le posons, les lames en dessous, sur une feuille de papier blanc, nous ne tardons pas à constater qu'une traînée de poussière légère s'y est déposée en y prenant la forme rayonnante des feuillets du Champignon.

Si nous examinons cette poussière avec une forte loupe, ou mieux avec un microscope, nous constatons tout de suite qu'elle est constituée par de petits corps réguliers, ovoïdes, uniformes, tous semblables entre eux : ce sont des spores.

Si simple que soit le procédé que je viens d'indiquer, pour obtenir les spores des Champignons, il n'est pas applicable à la Truffe. Mais si nous partageons une Truffe fraîche, et si nous raclons, avec la lame du couteau, la surface de la tranche, la lame ramasse, en passant, un suc légèrement coloré. Ce suc, examiné au microscope, contient des spores.

Mais ces spores, au lieu d'être éparses et isolées, comme l'étaient celles de la poussière d'Agaric, sont groupées en nombre déterminé dans de petits sacs et parfois suivant un mode particulier.

Tandis qu'il a suffi de poser les feuillets d'un Agaric sur du papier pour en obtenir les spores, il a fallu entamer la Truffe et l'ouvrir pour en obtenir les mêmes organes. Ces organes, libres dans l'Agaric, sont inclus dans l'intérieur de la Truffe qui leur constitue, en quelque sorte, un réceptacle fermé. C'est une nouvelle différence entre les Agarics et les Truffes.

Il en existe une autre, bien plus considérable en apparence, c'est que, tandis que le Champignon est porté par un pied d'où partent comme des faisceaux de racines, la Truffe est globuleuse et sans pied et qu'elle paraît, à la surface, nue et privée de tout filament.

Ces filaments de l'Agaric qui constituent la plante ou *mycélium* dont le chapeau n'est que la fructification externe, doivent cependant trouver leurs analogues chez la Truffe, puisque la Truffe est un Champignon et que tout Champignon vient d'un mycélium. Toutes les Truffes, encore que leur apparence soit lisse et glabre, possèdent, en effet, un mycélium : il suffit de le savoir trouver.

Heureusement, quelques variétés de Truffes ont un mycélium qui est tout à fait et toujours manifeste, et c'est par son étude qu'il convient de commencer.

Une Truffe est éminemment propre à cette recherche ; elle est connue en botanique sous le nom de *Tuber panniferum* et elle vient en toute saison, surtout en hiver, à la place même où viennent les bonnes Truffes ou tout à fait dans leur voisinage.

Elle n'est pas vénéneuse, mais elle n'a que des propriétés comestibles fort contestables ; elle est du reste assez rare et, pour ces deux raisons, on ne la recherche pas.

Au point de vue de l'étude du mycélium, elle est, au contraire, très précieuse, et c'est une vraie trouvaille lorsqu'on peut la rencontrer, sur les marchés, égarée au milieu des Truffes marchandes.

Elle se reconnaît assez facilement à son écorce qui n'est pas rugueuse, mais feutrée, et assez semblable à une trame d'amadou.

Quand on est assez heureux pour connaître un gisement de *panniferum*, on peut prendre pour le fouiller, certaines mesures de conservation qui permettent de retirer le mycélium presque intact et dans sa totalité ; il suffit pour cela, dès qu'on arrive au niveau du tubercule, de l'enlever en masse avec la terre qui l'enveloppe, et de le débarrasser de cette terre, en le lavant d'abord sous un filet d'eau, puis en le laissant dans de l'eau acidulée à l'acide chlorhydrique.

Au bout de quelques heures, la terre s'est désagrégée, les calcaires se sont dissous, et la trame du mycélium, bien purgée des matières terreuses qui la souillaient, flotte au sein de l'eau.

On se rend compte alors que ce mycélium est constitué par un amas de filaments roussâtres, assez longs, qui, venus de toutes parts, se feutrent et se condensent pour constituer le revêtement d'aspect amadou que j'ai signalé.

Au-dessous de ce revêtement, que l'on peut assez bien détacher avec l'ongle, apparaît la véritable écorce de la Truffe, écorce presque lisse ou à peine chagrinée, d'un noir brun, et qui présente avec le feutrage amadou les connexions les plus étroites.

Ce mycélium du *panniferum* et l'enveloppe drapée qu'il constitue entourent le tubercule de toute part et pénètrent dans les anfractuosités dont sa surface est habituellement le siège. En tout cas il est permanent, c'est-à-dire qu'il est contemporain de toutes les phases par lesquelles passe le tubercule, pendant son évolution, et qu'on le rencontre, autour de lui, de sa naissance à sa maturité.

Pour trouver l'exemple d'un mycélium partiel, c'est-à-dire localisé sur un point du tubercule, ce n'est plus tout à fait aux Truffes qu'il faut d'adresser, mais à une espèce voisine, les *Genea*.

Certes, les *Genea* ne sont point des Truffes; leur odeur repoussante, leur goût désagréable ne permettra jamais de les confondre avec ce condiment recherché.

Mais, au point de vue de l'étude, cette différence importe peu, et le *Genea*, Champignon souterrain au même titre que la Truffe, permet de faire des observations dont l'histoire des Truffes peut profiter.

Les *Genea*, tubercules creux, de couleur noire et dont la surface, chez quelques espèces, est tout à fait semblable à de petites circonvolutions cérébrales, portent à leur base une houppe de filaments roux que l'on peut aussi extraire en totalité, en usant des précautions indiquées pour la fouille du *T. panniferum*.

Si ce mycélium est partiel et ne s'étend pas à toute la surface du tubercule qui est nue; s'il est localisé, à la base, qui lui offre un bourrelet d'insertion particulier, il est cependant permanent et il assiste, comme le mycélium du *T. panniferum* à toute la durée de l'évolution du *Genea*.

Les variétés de Truffes, autres que le *panniferum*, examinées sommairement ou extraites sans beaucoup de précautions, ne semblent pas présenter, autour de leur écorce, quelque chose qui paraisse ressembler à un mycélium; et il en est tellement ainsi que les botanistes les caractérisent d'un mot grec, *arrhizon*, qui veut dire sans racines.

Toutefois, en extrayant en masse une Truffe assez jeune, et en la traitant par des lavages à l'eau, ainsi que je l'ai indiqué, on arrive à isoler autour d'elle un certain nombre de filaments se rendant à son écorce.

Ils ne forment pas, autour de cette écorce, un revêtement semblable à celui du *panniferum*, mais ils ont avec elle les relations les plus étroites.

Une technique, que j'indiquerai plus tard, permet de retrouver autour des Truffes comestibles ces filaments brun jaunâtre et de les étudier, dans leur ensemble et dans les connexions qu'ils ont avec l'intérieur des tubercules, en ménageant, sur les coupes, la terre dont ces Truffes sont habituellement enveloppées quand on vient de les extraire.

Conduit par l'analogie, il est bien difficile de ne pas voir, dans ces filaments des vraies Truffes, un mycélium de même nature que celui qui enveloppe, d'une manière permanente, toute la surface du *panniferum*, ou qui sert, en quelque sorte, de racine au *Genea*.

Comme le mycélium de ces deux espèces, les filaments qui entourent les vraies Truffes sont également de couleur brun roussâtre, mais ils ne sont point permanents, et, à un moment donné ils s'atrophient, s'effritent et disparaissent.

On peut cependant, au voisinage de l'écorce des Truffes un peu plus âgées, en rencontrer encore des vestiges.

Ces filaments s'enchevêtrent alors avec les éléments qui constituent la couche la plus externe de cette écorce et, tout raccourcis qu'ils soient, ils n'en forment pas moins, tout autour du tubercule, comme une infinité de suçoirs par lesquels le tubercule se nourrit.

Toutefois, la constatation de ces débris du mycélium et du mycélium lui-même ne se fait point facilement, à la simple vue. Ces filament isolés sont si petits, qu'ils échapperaient à l'œil qui ne serait point armé d'une loupe et souvent même du microscope. C'est tout au plus si on peut les apercevoir à l'œil nu quand ils sont réunis en masse, comme sur le pédicule du

Genea, ou lorsqu'ils flottent autour du *panniferum* ou des Truffes, suspendus dans l'eau acidulée.

La recherche de ce mycélium avait cependant préoccupé les mycologues et M. Tulasne avait cru le reconnaître dans les filaments blancs qui sillonnaient, le 5 septembre 1850, les truffières de M. Voyer d'Argenson, aux Ormes–Saint-Martin dans la Vienne. M. Chatin avait fait aussi la même observation, et c'est sur leurs données que j'avais pris longtemps moi-même, pour le mycélium des Truffes, les rares filaments blancs qui parcourent quelquefois les truffières.

Mais depuis, des recherches longtemps continuées et confirmées par celles de M. le conservateur des forêts Grimblot m'ont amené à croire que les filaments blancs répandus souvent sur les Truffes n'avaient rien de commun avec leur mycélium. Ils ne sont rien autre chose, en effet, que des moisissures diverses ou des mycéliums étrangers qui, partis le plus souvent des feuilles mortes situées au-dessus des truffières, gagnent le sol et s'y propagent.

J'ai en effet rassemblé un très grand nombre d'échantillons de Truffes, revêtues d'une couche blanche, et je me suis renseigné sur les truffières d'où elles provenaient. Ces truffières, dont j'ai visité quelques-unes, étaient, sans exception, couvertes de débris de feuilles, et souvent les Truffes qui en provenaient ne se trouvaient pas dans un bon état de conservation.

Ces filaments, partis des feuilles, ont été observés aussi par M. Condamy, pharmacien à Angoulême, qui, en 1876, a fondé sur leur existence une théorie de la formation de la Truffe que je ne discuterai pas.

Elle n'est fondée, en effet, que sur des conceptions *a priori* qu'il est fort difficile de soumettre au contrôle de la méthode expérimentale.

Pour M. Condamy, la Truffe viendrait de la rencontre de deux mycéliums différenciés : le mâle, de couleur brune, serait fixé aux racines des arbres ; le mycélium femelle procéderait des filaments blancs venus des feuilles.

Cette assertion n'est qu'une vue de l'esprit à laquelle rien n'a donné une sanction, et je ne m'y arrêterai pas davantage. Je l'ai mentionnée seulement pour montrer que les filaments des truffières avaient été l'objet de nombreuses recherches.

S'il est difficile, en l'absence de preuves scientifiques, de défendre la théorie de M. Condamy, il n'est pas difficile, heureusement, de faire, sur le terrain même, certaines constatations qui éclairent sur le rôle joué par les filaments blancs. On ne les rencontre jamais que là où se trouvent des amas de feuilles, c'est-à-dire au pied des cépées jeunes, et on les y trouve que celles-ci soient ou non productives de Truffes. On ne les rencontre jamais non plus que dans les truffières où des feuilles ont été enfouies par le groin du porc, au cours des fouilles de l'année précédente.

De ces constatations, que M. Grimblot a faites de son côté, avec des résultats identiques, il semble résulter que les filaments blancs restent absolument étrangers à la production truffière puisqu'ils ne se rencontrent mêlés aux Truffes qu'à l'état d'exception, tandis que les filaments du mycélium brun s'y rencontrent toujours.

Mes observations, au sujet de ce dernier mycélium, se trouvaient confirmées, du reste, par les observations très précieuses des *chercheurs de Truffes*, et si je me garde des interprétations, souvent singulières, de ces personnes ignorantes de la mycologie, je prends en grande considération les faits qu'elles veulent bien me communiquer et me permettre de contrôler.

Pendant que je faisais, en Vauclùse, sur le mycélium brun des Truffes, les recherches que M. Grimblot, sur ma demande, vérifiait et confirmait à Chaumont, M. Grimblot me mit en relation avec un des trufficulteurs les plus importants du Ventoux, et je ne fus pas peu surpris de trouver dans un manuscrit que me soumit M. Carle Ambroise, des renseignements qui s'accordaient pleinement avec les miens :

« La Truffe blanche, écrivait-il, qui se récolte de fin avril à fin juin, a des *radicelles* plus grossières que les autres. C'est de l'examen de celles-là que l'idée m'est venue de chercher les *radicelles* de celle d'hiver.

« Celles-ci sont plus fines, moins tassées contre le tubercule que ne le sont celles de la Truffe d'été qui sont, au contraire, *emplâtrées* contre cette dernière. »

Si explicite que soit cette citation que j'emprunte au manuscrit qu'Ambroise Carle me communiquait, à la demande de M. Grimblot, il ne faudrait pas cependant prendre l'expression de radicelles comme synonyme de mycélium et croire que le mycélium se trouve autour des Truffes vraies, sous formes de radicelles apparentes ; j'ai déjà dit le contraire.

Les radicelles mentionnées par A. Carle ne sont pas en effet le mycélium, elles ne sont que le chevelu des racines d'arbres adjacentes à la Truffe, et qu'on rencontre très communément dans les truffières.

En cet état, les racines peuvent être prises pour le mycélium lui-même : elles ne sont pas le mycélium, mais celui-ci n'est pas loin.

En 1881, les observations de deux vieux chercheurs de Truffes, sur le germe de ce tubercule, m'avaient fort surpris.

Ainsi que je l'ai rapporté, au Congrès de l'Association française à Grenoble, en 1885, elles m'avaient amené à trouver des radicelles noires et usées au milieu desquelles poussait un rejet de racine très vigoureux. Ces radicelles n'avaient rien de commun avec la Truffe, mais elles étaient recouvertes d'un mycélium très abondant et très fin et nul doute qu'il n'en fût de même des radicelles de Carle.

Quoi qu'on en ait dit et écrit, s'il est un fait général, en trufficulture, c'est la présence des Truffes au voisinage des arbres. Elles viennent ordinairement dans le périmètre de leurs radicelles. Très rapprochées du pied quand l'arbre est jeune, les truffières vont s'éloignant de plus en plus à mesure que l'arbre croît, mais de manière à occuper, autour de son pied, une circonférence de plus en plus agrandie.

Ce voisinage des Truffes avec les arbres est non seulement d'une observation quotidienne de la part des Truffiers de profession, qui le regardent comme un fait fondamental, mais il est d'une vérification certaine par un moyen plus démonstratif que celui des fouilles ordinaires.

M. Grimblot, à qui sa position permettait de faire, quand il était inspecteur des forêts dans Vaucluse, un grand nombre d'expériences que, pour bien des raisons, un trufficulteur n'eût jamais entreprises, a fait arracher, dans les forêts communales du Ventoux, un très grand nombre de jeunes cépées truffières.

Ces jeunes arbres, enlevés de terre avec leur motte, étaient examinés sur les lieux, expédiés et transportés dans des caisses, puis délicatement fouillés à la pointe ou soumis à un lavage sous un filet d'eau. C'est toujours dans le chevelu des racines que les Truffes se trouvaient et souvent dans des conditions telles qu'elles semblaient être en connexion intime avec lui.

J'ai reçu moi-même de M. Grimblot un certain nombre de pieds semblables, avec des Truffes adjacentes, et j'ai toujours retrouvé, dans le chevelu de ces pieds, les filaments bruns et très abondants du mycélium dont j'ai parlé.

Arrivé à ce point de la question, et s'il est vrai, comme j'espère le démontrer tout à l'heure, que le mycélium des Truffes se trouve, en général, au voisinage des racines, on peut se demander si la Truffe vit indépendante et autonome, au milieu des racines qui l'entourent, ou si elle est pour les racines un parasite permanent ou temporaire.

L'observation de filaments mycéliaux sur les radicelles des arbres n'est pas d'une date très ancienne; mais des recherches récentes, tendant à faire connaître la cause de certaines maladies ou de la mortalité exagérée de quelques arbres, ont fait découvrir sur leurs racines ou au voisinage de leurs pieds des végétations particulières.

Ces végétations seraient pour bien des naturalistes des mycéliums de Champignons : celui de l'*Agaricus melleus* pour les Châtaigniers et les Mûriers, suivant MM. Planchon et Cornu.

Enfin, cette présence éventuelle, et qui ne serait encore pour beaucoup qu'une maladie ou qu'un accident, serait pour une certaine école un phénomène naturel et permanent lié à la nutrition de l'arbre lui-même.

C'est la théorie que vient d'énoncer le Dr Frank, de Berlin.

Cette théorie ne serait qu'un cas particulier de cette théorie plus générale qui veut que des êtres vivants, microbes ou bactéries, servent d'intermédiaire entre les végétaux et le milieu dans lequel ils se développent en favorisant la transformation des éléments et leur assimilation.

D'après le professeur de l'Université de Berlin, di-

verses essences ligneuses se nourriraient par l'intermédiaire de Champignons souterrains au lieu de tirer
elles-mêmes du sol, à l'aide de leurs fines radicelles,
les éléments constitutifs de leur organisme.

Ce Champignon formerait, autour de leurs racines,
une enveloppe complète à laquelle serait confiée
cette fonction de nutrition. Ce parasite, entièrement
lié à la racine et croissant avec elle, a reçu du Dr Frank
le nom de *Mycorhiza*.

D'après les observations du Dr Frank, les *Cupulifères* et les *Corylacées* (Chêne, Hêtre, Charme, Châ-
taignier, Noisetier) sont toujours attaquées par ce parasite ; les *Salicinées* (Saules et Peupliers) et les Conifères
le sont fréquemment ; le Bouleau, l'Aune, l'Orme, le
Platane, le Noyer, le Robinier, le Tilleul, l'Érable, le
Frêne, le Sureau, la Bourdaine et en général les arbris-
seaux, ne le sont jamais.

L'auteur de cette théorie s'est demandé à quelle
catégorie il devait rattacher ce Champignon :

Ce serait, paraît-il, probablement aux *Tubéracées* et
aux *Gastéromycètes,* car le Dr Frank, ayant étudié le
Mycorhiza d'une truffière, ne l'a pas trouvé différent
du *Mycorhiza* signalé plus haut. Aussi le Dr Frank se
croit-il autorisé à avancer que c'est bien ce Champignon
qui produit la Truffe et que si cette dernière est plus
rare que lui, c'est parce que, la plupart du temps, sa
fructification est empêchée par diverses conditions
externes.

Le *Mycorhiza* doit être regardé comme un parasite

de la racine de l'arbre : il lui emprunte ses matériaux
carbonés assimilés par les feuilles, mais d'autre part
il lui apporte tous les éléments minéraux ainsi que
l'eau qui lui est nécessaire ; seul il remplit ce rôle parce
que seul il est en contact direct avec le sol. C'est ainsi
que sans se nuire l'un à l'autre, ces deux végétaux
vivent côte à côte et se prêtent un mutuel appui.
Cette association est un phénomène de *symbiose*.

Je n'ai pas les moyens de vérifier ces théories nouvelles de la nutrition, et il ne m'appartient pas de dire
jusqu'à quel point elles infirment les expériences de
Sachs. Je les rapporte ici d'après le compte rendu qu'en
a fait M. le garde général A. Chevegrin dans la *Revue
des eaux* et *forêts* du 10 mars 1886, et je sais que
M. Paul Vuillemin, chef des travaux d'histoire naturelle à la Faculté de médecine de Nancy, a confirmé,
par ses recherches sur les essences forestières des environs d'Épinal, les principaux résultats obtenus par
le Dr Frank.

Bien plus, je sais que M. le Dr Paul Vuillemin [1] a
établi ce fait fort intéressant et plein de conséquences
que les Mycorhizes manquent aux plantules de germination du Hêtre et du Charme et qu'ils apparaissent plus tard encore sur le Chêne ; mais de la théorie
du Dr Frank, je ne veux retenir que le fait d'observation, c'est-à-dire la présence, confirmée par M. Vuillemin, de végétations particulières sur les radicelles

---

[1] Paul Vuillemin, *Association française, session de Nancy*, 1886, 1re partie.

des Cupulifères, des Corylacées, des Salicinées et des Conifères (les seules espèces truffigères), et l'opinion du professeur Frank qui attribue à ces végétations parasites la production des *Tubéracées* et des *Gastéromycètes*.

Cette observation ressemble trop à celles que j'ai faites moi-même, en 1881, et que j'ai publiées en 1885, pour qu'il me soit permis de la passer sous silence.

Nous voilà avec elle bien loin de Léveillé et de l'indépendance des Truffes. Tout aussi bien, l'idée du parasitisme des Tubéracées, — de ces Champignons qui vivant sous terre, privés de la fonction chlorophyllienne, doivent, ce semble, emprunter à d'autres organismes les éléments qu'ils ne paraissent pas pouvoir complètement élaborer eux-mêmes, — a fait du chemin.

M. Van Tieghem la regarde comme probable ; les faits que j'ai observés, confirmés par ceux du professeur Frank et du docteur Paul Vuillemin, la rendraient certaine.

Quelques faits, du reste, seraient de nature, en dehors des observations précédentes, à faire penser au parasitisme.

En février 1882, M. Caire, trufficulteur de Croagnes, trouva au voisinage d'une conduite d'eau, à 30 centimètres de profondeur environ, une Truffe qui, par un de ces côtés, était presque libre dans la conduite. A 15 centimètres au-dessus d'elle, était une racine de Chêne assez forte de laquelle partait comme une toile d'*araignée brunâtre* qui venait envelopper la Truffe et la coiffer en quelque sorte.

Cette toile d'*araignée* n'était pas une racine et n'avait, comme caractère, rien de commun avec ce genre d'organe.

Je n'ai pas vérifié cette observation de M. Caire, mais, en septembre 1886, M. Paul Brunaud, de Saintes, membre de la Société mycologique et dont les publications sur diverses Cryptogames de la Charente garantissent la compétence, voulut bien, sur le désir de M. le Dʳ Quélet, m'envoyer un échantillon très curieux.

C'était un exemplaire de *Tuber æstivum* récolté *hors de terre*, dans une cave, ou milieu d'un entrelacement de radicelles qui me furent envoyées aussi.

On se demande comment cette Tubéracée aurait pu se développer et croître, jusqu'à atteindre le volume d'une noix, si elle n'avait pas vécu aux dépens des radicelles qui l'entouraient et par l'intermédiaire du *mycélium brun* dont elles étaient garnies.

Quoi qu'il advienne de ces interprétations, des faits constants sont acquis et restent : les Truffes viennent du voisinage des racines. Elles y sont mêlées à des filaments de mycélium qui se propagent sur les racines et qui les usent en les déformant.

A ces faits, on opposera peut-être l'opinion de M. Tulasne qui, tout en reconnaissant que la présence des arbres est indispensable à la venue de la Truffe, attribue plutôt leur influence à la modification qu'ils apportent au sol qu'à l'intervention directe de leurs racines qui n'affectent, d'après lui, avec la Truffe, pas le moindre rapport de continuité.

Il ne s'agit point ici d'une continuité de la racine avec la Truffe, mais de la présence d'un mycélium servant d'intermédaire entre le tubercule et la racine.

Pour étudier le mycélium, sur les radicelles, un fort grossissement est nécessaire, mais on peut, à l'œil nu, constater pourtant sa présence.

Il suffit pour cela de traiter le fin chevelu des radicelles avec de l'eau aiguisée d'acide chlorhydrique est de désagréger ainsi la terre qui le recouvre.

Si la radicelle est mise alors dans un verre d'eau pure, le mycélium, grossi par l'effet de la réfraction, apparaît comme une frange très délicate accompagnant les plus fines portions du chevelu.

Examiné au microscope, ce mycélium se présente sous l'aspect de filaments bruns ou roussâtres, un peu rugueux à la surface, et formant, sur divers points de leur longueur, des cloisons ou renflements particuliers. Sur les racines, il suit les moindres divisions qu'il enlace de cent manières, et sur lesquelles il s'implante au moyen de petits organes faisant fonction de griffes ou de suçoirs.

Si certaines que soient les observations précédentes en faveur de l'existence du mycélium du *T. panniferum* et du *Genea*, — observation que l'on pourrait encore étendre à la Truffe d'Afrique ou *Terfez* et à quelques autres Champignons souterrains, — si pro-

bantes qu'elles paraissent être en faveur de l'existence
du mycélium des Truffes comestibles, il reste encore
à faire, cependant, une démonstration rigoureuse. Il
faut, en effet, parer à cette objection que cet amas de
filaments, trouvés autour des vraies Truffes, pourrait
n'être qu'un assemblage de fibrilles étrangères n'ayant,
avec le tubercule, que des relations de voisinage.

Le seul critérium scientifique est la germination de
la spore. Cette germination, M. Tulasne l'a observée
pour le *Balsamia vulgaris*, Hypogé non comestible et
n'ayant avec les Truffes que des ressemblances fort
éloignées, mais la germination des spores des vraies
Truffes est encore à obtenir.

On a bien dit que le comte de Borch avait vu, vers
1780, germer des spores de Truffes grises recueillies
et semées. L'époque à laquelle remonte une pareille
observation et l'état rudimentaire des instruments
d'alors me dispensent d'insister sur ce qu'elle a d'insuffisant. Ceux qui connaissent, pour les pratiquer
aujourd'hui, les opérations si délicates mises en œuvre
par la micrographie pour arriver, dans ces questions
difficiles, à une solution positive, seront d'avis aussi
que les observations faites par Vittadini, en 1831, ne
doivent pas être acceptées sans réserves.

Les perfectionnements apportés à la technique, la
nécessité de la rendre plus rigoureuse encore, nous
ont rendus difficiles.

Il semble pourtant, qu'avec les moyens nouveaux,
mis, par la technique moderne, au service des micro-

graphes, et la connaissance plus étendue des milieux de culture, la germination des spores des vraies Truffes devrait être plus aisée. J'ignore si des essais de ce genre ont été récèmment tentés, en dehors de ceux que j'ai entrepris moi-même.

Les Truffes très mûres, — celles dans lesquelles les spores doivent posséder toutes les qualités physiologiques pouvant favoriser une bonne germination, — se présentent habituellement sous deux états. Ou bien elles sont saines, ou bien elles sont attaquées par les insectes et alors, dans certains de leurs points, elles sont réduites à l'état de détritus noirâtre formé par les déjections des larves qui les ont dévorées.

Si l'on examine, sous le microscope, un fragment de ce détritus, en le désagrégeant dans un peu d'eau, on constate qu'il est composé, pour la plus grande partie, de spores, soit isolées, soit encore contenues, dans les sacs qui les renferment. En tous cas, ces sacs paraissent très sains et ne semblent pas avoir subi, quant à leur enveloppe extérieure, une altération perceptible.

Ces dernières spores, libres ou enfermées encore, ayant subi, dans le corps des larves qui les ont dévorées puis rejetées, le travail de la digestion, ont-elles conservé, comme certaines graines de Phanérogames, mangées par les oiseaux puis transportées au loin, la faculté de germer encore ; ou cette faculté n'est-elle le privilège que des spores devenues libres par la désagrégation naturelle et spontanée? C'est une question qu'il fallait élucider par des expériences comparatives.

Je suis obligé de reconnaître que les expériences de germination et de culture ne m'ont pas donné de résultat ; je vais pourtant les indiquer.

Une Truffe noire très mûre, non piquée, ayant été ouverte, la surface intérieure a été raclée avec un scalpel, et le liquide, entraîné ainsi par la lame, a été déposé sur une lamelle de verre. Il se composait de sacs remplis de spores avec des débris de filaments provenant du tissu du tubercule.

Cette lamelle, humectée d'une goutte d'eau tenant en dissolution, dans la proportion voulue, les éléments du milieu de culture connu sous le nom de *liqueur de Pasteur*, a été posée sur une lame porte-objet à cellule pleine d'eau, la face portant les spores tournée vers le liquide, pour en empêcher la dessiccation.

Ainsi disposée, la culture a été examinée, tous les cinq jours, pendant plus de sept mois, de février à août, sans que les spores aient présenté pendant tout ce temps le moindre changement appréciable dans leur manière d'être. Le résultat a été le même avec des détritus de Truffe provenant des déjections de la larve de l'*Helomyza tuberivora* et dans lesquelles les spores paraissaient absolument inaltérées.

Le résultat a été le même en cultivant des spores, saines ou digérées, dans de l'eau de décoction de Truffes, soit que cette décoction eût été additionnée de gélatine, de Lichen d'Islande, de sels minéraux ou qu'elle eût été employée pure.

Le liquide de Raulin ne m'a pas mieux réussi, soit que je l'aie utilisé directement, soit qu'il m'ait servi à arroser des fragments ou de la poussière de Truffes élevés, dans des cuves dans la chambre humide, ou dans des pots à fleurs sur la fenêtre.

Toutes ces tentatives infructueuses, et qui se compliquaient encore de l'apparition de productions cryptogamiques ou microbiennes, dont il était difficile de garantir les cultures pendant la très longue durée des expériences, ne m'ont en somme démontré qu'une chose : la très longue et très lente décomposition des Truffes saines, quand celles-ci se désagrègent spontanément dans le sol.

Des Truffes enterrées entières et saines, dans des pots à fleurs convenablement arrosés, étaient à peine ramollies après deux mois. Des Truffes habitées étaient réduites, à l'état de détritus et de terreau, dans un délai de quelques jours.

De toutes ces expériences, que j'ai renouvelées de cent façons, tantôt en les faisant au contact des racines de petits plants de Chênes élevés en pot, tantôt au contact des racines de Graminées élevées dans des soucoupes, je ne reparlerais plus, si l'une d'elle ne m'avait laissé croire, un moment, à un succès relatif. Il s'agit d'une Truffe entièrement dévorée par des larves d'hélomyze et dont le détritus, sous forme d'une bouillie noirâtre et inodore, était resté dans un verre de montre, au fond de la chambre humide. Ce détritus, qui ne renfermait que des spores mêlées à des matières excrémentitielles, ne présentait au début aucun filament. Mais au bout d'un mois et demi il était parcouru par des filaments un peu bruns, quelquefois rugueux, que l'on aurait pu prendre pour le résultat de la germination des spores ; mais je n'ai pu saisir aucun point de contact indiscutable et certain. Les éléments d'une préparation, à monter et à conserver, qui eût constitué une démonstration sans réplique, m'ont fait défaut.

Quoi qu'il soit, du reste, de la germination des spores, et s'il n'a pas toujours été possible de saisir, d'une manière certaine, le point de départ du mycélium, au moment où il naît de la spore, son point d'arrivée, au pourtour du *panniferum*, est de certitude absolue. Mais, ce cas du *panniferum* étant donné, dans lequel le tubercule se montre entièrement enveloppé de son mycélium, il est permis de se demander comment et en vertu de quelle attraction particulière, des filaments, venus d'un peu partout, ont pu se réunir en un point unique pour constituer un seul Champignon.

Si l'on considère une plante phanérogame, un grain de Blé, par exemple, on voit que, sous l'influence de la germination, la plantule développe simultanément sa radicelle et sa tigelle et que, par l'effet de l'accroissement, la tige d'une part, la racine de l'autre, s'allongent et se ramifient. Le collet

de la plante étant pris comme point de départ, le développement des parties est centrifuge.

Dans la Truffe, le développement serait au contraire
centripète, et les filaments, venus de tous les points,
se concentreraient sur un seul. Il n'est pas probable

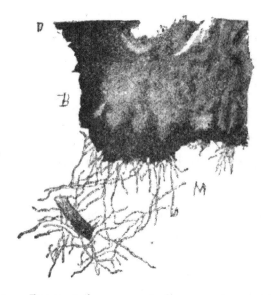

Fig. 1. — Fragment d'une coupe de *Genea* avec son mycélium,
grossi environ 40 fois : M, mycélium ; — B, base.

qu'il en soit ainsi et le mycélium, constaté tout
autour du tubercule, ne doit être qu'un mycélium
secondaire.

Il est probable que, sur le mycélium primitif né
directement de la spore, une *conjugation*, une *fécondation* particulières se produisent, dont bien des Cryptogames fournissent l'exemple.

De ce point naîtrait le tubercule qui pousserait alors,

tout autour de lui, ces filaments de nutrition qui sont le mycélium secondaire dont le *T. panniferum* est si abondamment pourvu. Mais ce n'est là qu'une suppo-

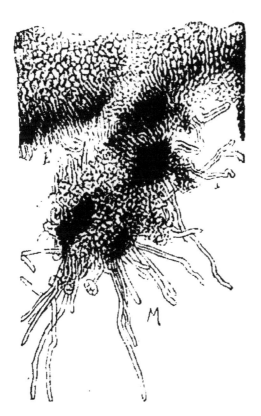

FIG. 2. — Fragment de coupe de *T. panniferum*, grossi 180 fois :
M, mycélium ; — E, écorce du tubercule.

sition, et, si vraisemblable qu'elle soit, elle ne vaut pas une observation bien faite, qui trancherait la question, et que je ne suis pas en mesure de fournir.

Je vais me borner, en attendant, à représenter le mycélium du *Genea* et du *panniferum*, en les empruntant aux images que j'ai pu obtenir en photographiant des coupes très minces de ces Hypogés.

Dans la figure 1, le mycélium, traité à l'acide chlorhydrique et à la potasse, est dépouillé de son enveloppe, mais sa connexion avec la base du *Genea* est parfaite.

Dans la figure 2, le mycélium du *panniferum* est grossi environ 180 fois. On le voit s'enchevêtrer pour former la partie la plus externe du tubercule.

CHAPITRE III

Les divers éléments qui composent la Truffe étant d'une extrême petitesse, il faut des instruments grossissants pour les pouvoir étudier ; de plus, comme ils sont plus ou moins enchevêtrés les uns avec les autres, il faut recourir à la dissection pour les séparer.

Les procédés de dissection ne donnent pas, du reste, et il s'en faut de beaucoup, des résultats toujours satisfaisants. Ce n'est qu'en observant de petites portions, souvent isolées, et qu'il faut par la pensée rattacher aux éléments voisins ; ce n'est qu'en groupant, dans un dessin d'ensemble, ces éléments épars, qu'on arrive à se faire une idée des parties qui constituent le tubercule.

C'est pourquoi je ne m'étendrai pas sur la dissection de la Truffe qui ne comporte pas d'autre moyen, d'ailleurs, que ceux qui sont usités dans la dissection des végétaux en général, et qui consistent principalement en la séparation, au moyen d'aiguilles, sur la platine du microscope, des éléments que l'on veut étudier.

Je décrirai plus longuement, au contraire, la pratique des coupes. Elles permettent, en effet, quand on leur a fait subir des préparations appropriées, de suivre les éléments dans leurs contours, de les fixer dans leurs formes et de les conserver dans leurs rapports.

Il est pourtant un procédé de dissection, de *dissociation*, si l'on aime mieux, qui n'admet pas l'emploi d'un instrument et que je ferai connaître, car il peut rendre quelque service en anatomie végétale, bien qu'il n'arrive pas à déterminer, dans la Truffe, la séparation intégrale des éléments qui la forment.

Dans l'anatomie des animaux, lorsqu'on veut étudier les éléments du tissu conjonctif, le meilleur moyen est d'amener la séparation brusque des fibres qui le constituent, en poussant au milieu d'elles, avec une certaine force, une simple injection d'eau.

On pourrait, tout aussi bien, pousser une injection d'air, et ce moyen de l'insufflation est celui dont on se sert pour faciliter la séparation de la peau d'avec la chair, chez les animaux de boucherie qu'il s'agit de dépouiller.

L'air ou l'eau s'insinuant, dans les interstices des

fibres, mieux que ne saurait le faire le scalpel le plus subtil, y déterminent une dissociation si complète que l'anatomiste ne pourrait y atteindre.

Ce n'est point par l'injection d'eau dans la Truffe, ce n'est point par l'insufflation directe de l'air, dans ses tissus, qu'on peut arriver à la dissocier.

Mais, par un procédé indirect, on peut amener ce résultat en introduisant dans ses mailles, par imbibition, une solution de bicarbonate de soude qui se transforme facilement ensuite en un corps gazeux, sous l'influence d'un acide dilué ou faible.

Les bulles de gaz en se dégageant, par leur force d'expansion, agrandissent les intervalles des mailles et contribuent à séparer les uns des autres les filaments qui les limitent.

Un fragment du tubercule ainsi préparé, par des imbibitions alternatives, peut être dilacéré sur la platine du microscope, au moyen d'un petit pinceau un peu rude et à poils courts, et il permet de voir les filaments cellulaires et les organes qu'ils portent à leurs parties terminales.

Mais la méthode des coupes donne des résultats bien plus remarquables et bien plus satisfaisants ; elle constitue, en quelque sorte, la technique microscopique de la Truffe.

Cette technique ne se sert pas, à proprement parler, de procédés particuliers. Elle met en usage tous ceux qui s'emploient d'une manière générale dans la technique de l'histologie végétale. Elle lui emprunte ses

instruments et ses réactifs, en cherchant et en choi-
sissant, parmi eux, ceux qu'elle peut approprier au
but spécial qu'elle poursuit.

Elle comprend l'art de faire des coupes, celui de
les conserver jusqu'au moment de l'examen, quand
celui-ci ne peut être fait sur-le-champ, et celui de les
rendre susceptibles d'être utilement examinées.

Ces coupes se font à main levée ou au microtome.

La première méthode, plus rapide, donne quelquefois à la portion terminale des coupes des bandes
d'une extrême ténuité, très favorables à l'étude. Elle
est du reste d'une application facile et toutes les Tubé-
récées fraîches peuvent y être soumises, sans préparations préalables. Il suffit, pour certaines espèces
présentant des cavités intérieures, de mouiller d'eau
la surface de la lame tranchante, pour obtenir des
coupes irréprochables.

La plupart des Tubéracées, sèches ou ramollies,
peuvent aussi être débitées en coupes minces, par
la méthode de la main levée, sans autre préparation.

Il n'en est plus tout à fait de même quand on veut
étudier quelques fins détails, certains organes caducs,
certaines connexions que les Tubéracées peuvent
présenter, par leur surface, avec des corps environ-
nants. Il faut alors, de toute nécessité, fixer les
rapports de ces organes d'une manière immuable,
pour que le passage de la lame ne les altère pas.
On y arrive par l'encollage avec la gomme ou la
gélatine glycérinée : la partie encollée et durcie peut

être ensuite sectionnée, en coupes minces, à la main levée.

Mais toutes les fois que l'on voudra obtenir des coupes larges, extrêmement minces et d'épaisseur égale, éminemment propres à être dessinées ou photographiées, c'est au microtome qu'il faut recourir.

Pour immobiliser le tubercule dans le tube, pour en maintenir les diverses parties dans leurs rapports respectifs, on se servira de paraffine fondue.

L'inclusion à la paraffine est applicable à toutes les Truffes. Seuls quelques Champignons hypogés, dont l'étude comparative est indispensable à la connaissance complète de la Truffe, sont rendus déliquescents par la chaleur, et, ne s'accommodant point de la paraffine chaude, demandent une inclusion différente.

On les peut, du reste, inclure à la gomme, après les avoir traités successivement par l'alcool et l'eau, puis encore par l'alcool lorsque la solution de gomme les a complètement pénétrés et qu'il ne reste plus qu'à les durcir.

Les coupes faites sont reçues dans un vase contenant de l'eau fraîche, si les tubercules n'ont pas reçu de préparations ou s'ils ont été simplement encollés à la gomme ; — dans de l'eau chaude, s'ils ont été inclus dans la gélatine ou dans la paraffine ; — et directement sur la lame porte-objet du microscope si l'on recherche quelque fin détail ou quelque organe délicat que l'immersion prolongée dans un vase d'eau pourrait faire perdre ou faire détacher.

Après un temps suffisant d'immersion pour que les substances d'inclusion soient dissoutes, fondues ou séparées et pour que les coupes soient tombées au fond du vase, on les retire avec précaution, on les lave dans de l'eau renouvelée, puis on les plonge quelques instants dans de l'alcool à 36 ou 40°, pour les fixer.

Veut-on les examiner sur-le-champ? On leur fait subir, au sortir de l'alcool, les préparations appropriées.

Veut-on les conserver pour des examens ultérieurs? On les place dans de la glycérine diluée, puis, après quelques jours, dans de la glycérine pure et dans des flacons étiquetés, où elles peuvent alors attendre longtemps sans altération.

Cette conservation n'est point cependant indéfinie. Quand on enferme, en effet, les coupes, dans des flacons avec de la glycérine gélatinée, cette gelée, d'abord solide, finit à la longue par se liquéfier et les coupes y subissent certaines altérations sur lesquelles je reviendrai et qui les rendent moins sensibles à l'action de quelques réactifs.

Il peut, cependant, y avoir avantage à étudier une coupe au moment même où elle est détachée, et avant toute immersion dans l'alcool ou dans l'eau. On la reçoit alors directement entre deux lames de verre, et on l'y presse légèrement après l'y avoir bien étalée.

Cette étude est même indispensable pour la Truffe.

Elle permet d'y reconnaître la présence d'une certaine quantité d'air, distribuée suivant un mode particulier, et que l'immersion dans l'eau et surtout dans l'alcool, aurait chassé tout de suite.

Une coupe peut donc être examinée, avec quelque fruit, telle qu'elle vient d'être pratiquée, avant toute préparation, mais il lui faut faire subir certaines manipulations pour rendre plus évidentes les diverses parties qu'elle renferme, et pour les différencier, non seulement les unes des autres, mais encore pour saisir les modifications qu'un même élément est en train de subir du fait de sa propre évolution.

Voici, en les classant par ordre, quelles sont ces manipulations :

1° Débarrasser la coupe de l'air qu'elle renferme ;

2° Dissocier les tissus qui la constituent ;

3° Différencier les tissus ;

4° Rendre cette différenciation permanente et la fixer ;

5° Éclaircir la coupe et la rendre transparente ;

6° La conserver et la monter.

Le premier effet de l'immersion d'une coupe dans l'eau est de la purger en partie des bulles d'air qu'elle contient, mais le départ des bulles n'est dans ce cas jamais complet.

A un moment donné, les dernières bulles opposent à la pénétration du liquide une résistance absolue et il faut employer, pour les déloger, un liquide dont la capillarité soit plus grande. L'alcool et l'acide acétique cristallisable jouissent, au plus haut degré, de cette propriété, et il suffit d'en imprégner la coupe pour que l'air soit chassé rapidement. L'alcool donne lui-même, à la forme des éléments, une certaine fixité, et l'acide acétique ajoute singulièrement à leur transparence qu'une goutte de glycérine rend définitive.

Mais sous l'influence de ces réactifs la dissociation de ces éléments ne s'est point opérée ; l'alcool n'est en effet un dissociant que s'il est mélangé d'eau et si son action s'est prolongée assez longtemps.

Une solution de potasse à 6 pour 100 dans l'eau distillée, 5 à 6 grammes d'ammoniaque dans 100 grammes d'eau pure, sont également de bons liquides de macération ; on y laisse les coupes en ayant soin de les agiter de temps à autre. Ces mouvements, imprimés aux vases qui les contiennent, aident à la séparation des filaments qui ne tardent pas à se désagréger et à flotter. Mais il ne faut pas que l'action de ces liquides, à ce degré de concentration, se prolonge au delà de quelques heures : les filaments, sous leur influence, se gonfleraient trop et certains organes subiraient d'irrémédiables altérations.

Il vaut donc mieux ne pas poursuivre la dissociation complète, par l'emploi trop prolongé de ces moyens, et chercher à caractériser les éléments que l'on veut étudier en se servant des réactions que certaines substances leur font subir.

On fait en histologie végétale un très grand usage

de l'iode et de l'acide sulfurique pour caractériser la cellulose qui se colore en bleu sous leur influence.

La cellulose, la *fungine* des Champignons, sauf chez quelques *Péronosporées*, ne possède pas cette propriété et celle des Truffes reste tout à fait incolore.

Mais la matière liquide ou demi-solide que les cellules renferment dans leur intérieur, le *protoplasma*, en un mot, prend une teinte jaune.

Le *chloroiodure de zinc* jouit de la propriété de colorer la matière albuminoïde protoplasmique à un degré supérieur encore, et il détermine sur les coupes de Truffes, de celles surtout qui appartiennent aux variétés comestibles, des effets très remarquables : il teint surtout en jaune rouge le contenu des cellules qui forment les extrémités terminales des filaments et que l'on désigne, suivant leur forme et suivant leur nature, sous le nom de *sporanges* ou *thèques* et de *paraphyses*.

Cette réaction précieuse n'est pas malheureusement de longue durée ; la coloration ainsi obtenue disparaît rapidement par le lavage de la coupe, par l'addition d'alcool, par l'effet de la chaleur. On peut, il est vrai, la reproduire, mais elle ne revient pas toutes les fois avec la même vigueur. Elle n'en permet pas moins une étude très sérieuse des sporanges et de leur contenu. Elle permet de plus l'étude des spores et de leur formation. Elle fait assister, en quelque sorte, aux diverses phases de l'évolution du protoplasma qui, très abondant quand les sporanges sont jeunes, disparaît peu à peu, à mesure que se forment les spores et est tout à fait absorbé par elles quand elles sont mûres.

Ce protoplasma des sporanges jeunes, comme celui qui remplit la cavité des filaments, subit encore d'autres transformations. L'alcool dilué, l'acide sulfurique concentré, le contractent ; il n'occupe plus alors, au centre des sporanges, que le volume d'un petit globule, et au sein des cellules filamenteuses, que la place d'un petit fil central et allongé, sur lesquels certaines substances colorées, — l'éosine et le carmin, — se fixent très bien. On peut donc; en se servant successivement de ces substances, obtenir dans la coupe un réseau coloré très élégant, qui est seul à être aperçu au milieu de la cellulose incolore, transparente et gonflée et que, pour toute ces raisons, l'œil, armé du microscope, ne découvre pas.

Mais l'éosine et le carmin ne se bornent pas à mettre en évidence le protoplasma coagulé. Ces substances se fixent également avec une grande intensité sur les spores encore jeunes et qui sont en voie de formation ; elles les colorent en rouge vif.

Elles permettent donc d'étudier aussi les spores, dans les diverses périodes de leur évolution, en les colorant d'autant plus qu'elles sont plus jeunes, et en les laissant incolores quand elles sont adultes et mûres.

Les préparations de coupes, que l'on obtient ainsi, sont quelquefois fort belles, et celles au carmin, quand elles ont été fixées par l'acide acétique, sont d'une conservation indéfinie. L'éosine, au contraire, donne des colorations plus diffuses, elle a moins d'élection que le carmin ; puis elle finit par s'altérer et disparaître en ne laissant plus à la longue que des teintes tout à fait floues. On ne l'emploiera donc pas pour les préparations qui doivent être conservées et montées, mais on la réservera pour la coloration rapide et facile des éléments, au cours d'une observation. Elle sera, dans ce cas particulier, d'un secours très précieux.

Le carmin, le chloroiodure, ne sont pas les seules substances que l'on puisse employer, pour arriver à la différenciation rapide des éléments, au moyen de la coloration que leur action détermine. D'autres matières colorantes ont aussi des organes ou des points d'organe sur lesquels elles se fixent de préférence, et elles peuvent être employées pour ajouter une coloration nouvelle à certaines parties d'une préparation déjà teintes d'une couleur différente.

Le bleu et le violet de méthyle, le vert d'iode, se fixent surtout sur les nucléoles et les noyaux, et en utilisant un mélange de fuschine et de violet de méthyle, on peut, sur certaines préparations, traitées comme je le dirai tout à l'heure, obtenir jusqu'à trois ou quatre colorations différentes, fort intéressantes et fort instructives.

Dans les opérations que je viens de décrire sommairement, — et sur lesquelles je ne m'appesantirai pas, tout détail trop technique devenant bien vite fastidieux, — la dissociation précédait la coloration des éléments.

Il est une méthode qui permet de les faire marcher de pair. Je l'ai spécialement appliquée à l'étude de la Truffe en combinant entre elles quelques-unes des réactions de toute nature que j'ai essayées sur elle ; et tandis que les moyens précédemment exposés appartiennent à la technique générale, ceux que je vais indiquer constituent pour la Truffe une technique particulière et nouvelle.

Une variété de Truffe très voisine de la Truffe noire comestible, mais s'en séparant nettement par son odeur forte et musquée, se plie admirablement à ce nouveau genre de recherches ; c'est donc sur une coupe de musquée qu'il les faut entreprendre.

L'opération consiste à recevoir, dans de l'eau distillée, plusieurs coupes très fines de musquée, enlevées au microtome, puis à les plonger, immédiatement après ce lavage, dans un bain contenant du nitrate d'argent légèrement additionné d'ammoniaque et de potasse[1]. On les y laisse macérer de quinze à vingt jours en ayant soin d'agiter très souvent le flacon en verre jaune qui les contient. Au bout de ce temps les coupes sont lavées à l'eau distillée, puis plongées, dans un bain d'eau phéniquée, si elles ne doivent pas être examinées tout de suite.

[1] Voir le *Compte rendu de l'Association française, Nancy*, 1re partie, 1886, p. 146.

Dans le bain d'argent, les coupes prennent une coloration générale brune, que l'action de la lumière tend à augmenter, et si on les examine au microscope, dans une goutte d'eau distillée, on constate bien vite qu'elles ont subi dans quelques-uns de leurs éléments une modification remarquable.

Les sporanges ont fixé l'argent et se montrent colorés d'une teinte jaune brune. Cette action est d'autant plus marquée que les sporanges sont plus âgés.

Les spores elles-mêmes ont subi, du fait de cette fixation de l'argent, une coloration qui est aussi proportionnelle à leur âge, et les plus mûres sont quelquefois assez obscures pour être tout à fait opaques.

Si, après avoir sorti cette coupe du bain alcalin d'argent, et après l'avoir lavée à l'eau distillée, on la plonge dans un bain de virage photographique au chlorure d'or, l'or se substitue à l'argent, et les éléments qui le fixent prennent une teinte violette.

Dans le bain d'argent, les coupes se sont à la fois dissociées et colorées, mais cette différenciation déjà remarquable peut être étendue bien davantage encore.

Il suffit, au sortir du bain d'argent, et après lavage à l'eau distillée, de faire agir sur la coupe une goutte de solution faible de chloroiodure de zinc. Immédiatement, de nombreux éléments se colorent qui ne se montraient pas jusque-là, mais les sporanges eux-mêmes qui avaient fixé l'argent, en sont dépouillés par l'excès d'iode, et se colorent en rouge. Toutefois cette coloration est en sens inverse de celle que l'argent avait produite. Tout à l'heure c'étaient les sporanges âgés et vides de protoplasma qui s'étaient fortement teintés, maintenant c'est la matière protoplasmique elle-même qui se colore sous l'action du chloroiodure, c'est-à-dire que les sporanges et les spores qu'ils renferment sont d'autant plus colorés qu'ils sont plus jeunes.

Cependant, sur des coupes vieillies, sur celles qui n'auraient pas été enlevées sur des tubercules encore jeunes et frais, la réaction du chloroiodure est fort atténuée et ne se montre qu'à peine. C'est que la matière protoplasmique a subi, à la longue et quelque soin qu'on ait apporté à la conserver, l'action d'un ferment particulier sous l'influence duquel elle s'est transformée ou a disparu, comme disparaît la cellulose, sous l'action du *Bacillus amylobacter*.

Mais ce n'est pas seulement à la démonstration plus nette de l'évolution des sporanges et de leur contenu que se prêtent les préparations chloroiodées à l'argent : elles font apparaître, au sein des tissus, des filaments, jusqu'alors invisibles, qui se teintent également en jaune orangé et qui ne se colorent plus aussi bien sur les coupes trop vieilles.

On peut cependant, sur une coupe vieillie et quand le chloroiodure est presque sans action, amener encore, sur les éléments justiciables antérieurement de ce chloroiodure, une coloration particulière et qui permet de les étudier.

Une coupe étant sortie du bain d'argent et lavée, il suffit de la plonger quelques instants dans une petite quantité d'eau distillée, additionnée de 2 à 3 gouttes de solution alcoolique de fuschine et de violet de méthyle.

La coupe, lavée à l'eau, après coloration, et examinée au microscope, montre les éléments constitutifs de la Truffe colorés de teintes variant du violet au brun rouge.

Malheureusement, la réaction déterminée par le chloroiodure est très fugace, et celles de la fuschine et du violet de méthyle disparaissent par l'alcool, et il est fort difficile de monter et de conserver, pour l'étude, les belles préparations ainsi faites. On ne peut que conserver et monter à la glycérine et au baume les coupes simplement traitées par l'argent.

Mais une autre préparation permet la fixation indéfinie de la coloration de ces éléments. Je ne puis pas malheureusement me prononcer sur la durée de son action, parce que je la dois au hasard ; mais, sur des coupes de musquée, qui étaient restées environ *seize mois* plongées dans un bain de chlorure d'or et d'acéto-tungstate de potasse, j'ai trouvé tous les éléments colorés en *violet* magnifique sur le fond *dissocié* et *incolore* des autres éléments de la Truffe.

Pour abréger l'exposition de cette technique, indispensable cependant à la connaissance de l'organisation d'un Champignon dont l'étude histologique n'a guère été faite, je résumerai, en quelques tableaux, les principales manipulations que je viens d'esquisser. On pourra, en suivant l'ordre indiqué, obtenir des résultats très satisfaisants.

Les coupes ne sont pas seulement faites pour être regardées au microscope ; on a souvent besoin de les dessiner et quelquefois de les photographier quand on veut en obtenir des images absolument fidèles.

On peut, à la rigueur, faire un bon dessin avec une coupe médiocre ; on ne peut faire une photographie passable si la préparation n'est pas excellente.

Lors donc qu'une coupe devra être dessinée et surtout photographiée, on donnera tous ses soins à l'obtenir aussi mince et aussi transparente que possible. J'ai indiqué dans le tableau n° IV quelques-unes des opérations qu'il faut lui faire subir dans ces cas particuliers.

La *conservation* et le *montage* des coupes de Truffes se font par les procédés ordinaires de la technique, et je ne m'y arrêterai pas. Je me bornerai à indiquer, en quelques lignes, que l'on peut monter le plus grand nombre des préparations à la glycérine et les luter à la cire d'Espagne dissoute dans l'alcool absolu, et cela très rapidement et en tout temps.

Il suffit de préparer, à la *tournette* ou à la main, sur une provision de lames porte-objet, au moyen d'un pinceau trempé dans la cire, des cellules *rondes* ou *carrées*, et de les laisser sécher?

Veut-on les garnir d'une préparation, on pose la lame porte-objet sur une bouillotte plate de zinc remplie d'eau bouillante ; la cire se ramollit, la coupe imbibée de glycérine s'étale, on met dessus une lamelle à couvrir et on la presse doucement, avec un petit bouchon de liège, jusqu'à ce qu'elle se sertisse dans la cire ; on pose sur la lamelle à couvrir un morceau de verre mouillé d'eau, on pince dans une presse anglaise et on plonge le tout dans l'eau froide. On détache par glissement le morceau de verre mouillé qui n'a pas pu adhérer à la lamelle, la préparation est faite. Il n'y a plus qu'à l'essuyer et, quelques jours après, à repasser sur les bords une mince couche de cire ou de vernis.

Il y a quelquefois un très grand avantage à photographier, à un faible grossissement, une coupe entière de Truffe. Il est certain que les procédés ordinaires de montage ne suffiraient pas alors, car les supports de verre qu'il faut employer dépassent de beaucoup en dimensions les plus larges lames employées en micrographie.

Lorsque la coupe peut être montée *à sec*, c'est-à-dire telle qu'elle vient de la Truffe, elle peut être tout simplement pressée entre deux plaques de verre qu'on réunit l'une à l'autre par des bandes de papier enduites de gomme.

Mais si les préparations doivent être montées dans des liquides, il faut leur confectionner une cellule.

Les anneaux plats de caoutchouc rouge, qui servent dans le commerce à assujettir les échantillons, remplissent très bien cette fonction.

Un de ces anneaux étant posé au milieu d'une plaque de verre, on met la coupe de Truffe au centre, et on remplit de glycérine. Une seconde plaque de verre presse, contre la première, la coupe et le rond de caoutchouc; on assujettit les deux plaques.

La coupe peut être ainsi montée et démontée autant de fois qu'on le veut. On lui fait subir une série de préparations après chacune desquelles on peut la photographier. On a ainsi une suite d'images qui peuvent se superposer avec les modifications que chaque opération lui a imprimées, et c'est au plus grand profit de leur étude qu'on peut les comparer entre elles.

Les procédés de la photographie, ceux surtout de la *microphotographie*, exigent souvent l'emploi d'une lumière colorée bleue ou jaune, de flammes mono-chromatiques, de fonds dépolis ou opales sur lesquels les détails se détachent avec une vigueur plus grande sans nuire à la venue des demi-teintes. Cette tech-nique spéciale, je ne fais que la mentionner ici.

Dans une matière, presque si nouvelle encore, il serait imprudent d'imposer des formules.

La dissection ayant permis de reconnaître les élé-ments qui constituent les Truffes, les coupes les ayant montrés dans leur ensemble, le dessin et la photo-graphie ayant permis d'en tracer les contours et d'en relever une image exacte, il importe, maintenant, de revenir sur les parties que la technique précédente a placées sous les yeux, que les tableaux suivants permettront de préparer, et d'en faire la description.

Ce sont d'abord les filaments entrelacés qui forment l'écorce du tubercule. et dans lesquels l'observation fait reconnaître, de la manière la plus nette, les vestiges du mycélium.

La partie la plus externe de cette écorce est, chez la Truffe comestible, de couleur foncée ou brune, comme si les filaments du mycélium y avaient condensé la couleur dont ils sont habituellement chargés.

Au-dessous de cette écorce, — de ce *péridium* ou *cortex*, — enveloppe la plus externe du tubercule, viennent des filaments entrelacés de telle sorte qu'ils donnent, à la coupe, l'aspect d'une substance celluleuse à mailles polyédriques, un peu plus serrées que les mailles de l'écorce proprement dite, et, déjà, bien moins foncées de couleur.

. Puis les mailles du tissu deviennent de plus en plus incolores, et il en part des filaments branchus, cloisonnés, primitivement semblables dans toutes leurs parties, mais qui commencent à se différencier, à leur extrémité, à mesure qu'ils s'accroissent.

En effet, à la cellule terminale de ces filaments qui correspondent aux *hyphes*, il se fait une agglomération spéciale de matière protoplasmique, et, cette cellule, séparée du reste du filament par une cloison, s'oriente elle-même dans deux sens : ou bien elle s'allonge en s'enflant légèrement, ou bien elle s'enfle beaucoup et s'arrondit en donnant naissance dans le premier cas à une *paraphyse*, et dans le second à une *thèque*.

Dans cette thèque apparaissent, à un moment donné, sous l'influence de l'évolution, au milieu du liquide qui les gorge, des points qui ne tardent pas à s'entourer d'une membrane lisse, puis d'une membrane rugueuse : ce sont les *spores*.

Ces spores, qui sont au nombre de 4 à 8, suivant les espèces, se développent, en règle générale, d'une façon parallèle, et il suffit d'examiner une thèque de *Genea* pour s'en convaincre. Exceptionnellement, et comme cela arrive parfois chez l'*æstivum*, une ou deux spores prennent le pas sur les autres et les atrophient; mais il n'y a rien là qui puisse infirmer la règle générale et vraie posée par le Dr Errera.

Au point de vue de la caractéristique des espèces, ces spores, par leur forme et leurs rugosités, par les gouttelettes huileuses ou par les sphérules qu'elles contiennent, présentent un très grand intérêt, et elles ont une importance sur laquelle j'insisterai plus tard.

Il s'en faut que toutes les *hyphes*, en se développant, arrivent à aboutir à la paraphyse et à la thèque. Un grand nombre restent à l'état de filaments rameux, dépourvus à leur intérieur de matière plasmique, et vont se répandant partout, autour des paraphyses et des thèques, auxquelles elles constituent en quelque sorte un tissu de protection. On les retrouvera, tout à l'heure, quand il sera question des veines à air au sein desquelles ces filaments stériles s'entre-croisent, constituant ainsi une trame dans les interstices de laquelle se meut ce fluide pour se répandre dans la masse du Champignon.

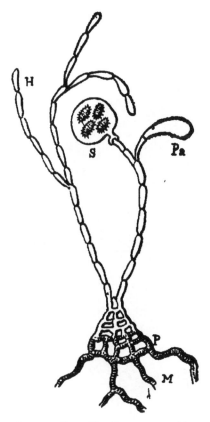

FIG. 3. — Eléments d'une Truffe : M, mycélium ; — P, péridium dans lequel la couleur s'est condensée ; — H, hyphes ; — S, sporange ; — Pa, paraphyse.

Ces différentes opérations de technique nous ont permis de reconnaître dans le péridium, ou *réceptacle* du Champignon, des *hyphes* restées stériles ou ayant abouti soit à la paraphyse, soit à la *thèque* ou *sporange* remplis de *spores*.

La figure 3 donne une idée nette de ces éléments, réduits en quelque sorte à une conception très simple, et elle montre comment ils procèdent les uns des autres, du *mycélium initial* à la *spore finale*.

FIG. 4. — *Tuber æstivum* avec ses verrues.

Il est certain qu'ils ne se montrent pas sur une coupe ou sur une préparation avec une si grande évidence et une telle simplicité. Mais des observations nombreuses permettent de saisir cette organisation particulière et de l'*extraire*, en quelque sorte, de l'enchevêtrement général.

En effectuant les opérations de technique, résumées dans les tableaux suivants, on se convaincra bien vite que cette figure ne répond pas à une théorie, mais qu'elle est l'expression de la réalité.

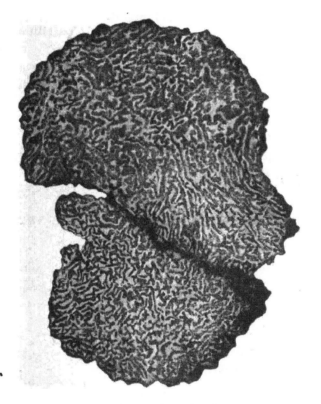

FIG. 5. — Chair et veines du *T. æstivum*.

Quant aux figures 4 et 5, elles représentent l'une la surface extérieure d'une Truffe avec l'aspect de ses verrues, l'autre l'aspect que montre sa chair quand elle est coupée. Elles serviront à mieux comprendre l'organisation générale que je décrirai tout à l'heure.

OPÉRATIONS TECHNIQUES

TABLEAU I

A. Le *T. panniferum*, toujours enveloppé de son mycélium, est encollé à la gomme ou inclus dans la paraffine fondue et coupé au microtome.

B. La coupe est reçue sur de l'eau froide, pour dissoudre la gomme, ou sur de l'eau chaude pour fondre la paraffine.

C. Elle est lavée à grande eau sur le porte-objet.

D. Elle y est traitée par une goutte de potasse à 6 pour 100 et la lame est légèrement chauffée sur la lampe à alcool.

E. Elle est lavée à grande eau.

A ce moment, elle peut être :

    1º *a*, Desséchée à l'alcool progressivement fort ;
      b, Éclaircie à l'essence de girofle ;
      c, Montée au baume ;

    2º *a'*, Colorée au picrocarmin ;
      b', Lavée à grande eau ;
      c', Fixée à l'acide acétique ;
      d, Lavée à grande eau ;
      e, Montée à la glycérine ;

    3º Ou subir les opérations *a'*, *b'*, *c'*, *d*, *a*, *b*, *c*.

Les *Genea*, les *Elaphomyces*, peuvent être traités ainsi. Ils donnent des préparations de *mycélium* d'une grande beauté et d'une conservation indéfinie. Les spores fixent le carmin et sont très belles chez le *panniferum*.

TABLEAU II

*Veines aérifères chez l'*æstivum *jeune :*

A, Coupe mince au microtome ;

B, Lavée à l'alcool pur pour chasser l'air : 5 à 10 minutes ;

C, Lavée à l'eau distillée ;

D, Traitée par acide chlorhydrique pur : 1 à 2 minutes ;

E, Lavée à l'eau distillée ;

F, Traitée au chloroiodure de zinc qui colore en *brun jaune* les veines aérifères.

TABLEAU III

A, Coupe, au microtome ou à main levée, sur le *T. moschatum* surtout, reçue sur la lame porte-objet ;

B, Lavée à l'eau distillée et séchée au papier buvard ;

C, Recouverte de 2 à 3 gouttes d'acide sulfurique pur jusqu'à complète transparence : 1/2 minute à 1 minute.

D, Plongée immédiatement dans l'*eau distillée* quand la transparence est obtenue, et lavée à grande eau.

A ce moment la coupe peut recevoir les traitements suivants :

1° *a*, Elle est placée dans l'éosine qui colore toute la matière protoplasmique coagulée ;

b, Lavée à l'eau : 5 à 10 minutes ;

c, Montée dans la glycérine.

La coupe, très belle au moment de la préparation, ne se conserve pas bien.

2° *a'*, Plongée dans l'eau distillée contenant du picrocarmin : plusieurs heures ;

b', Lavée à l'eau distillée ;

c', Lavée à l'eau acidulée d'acide acétique, puis à l'eau pure : 5 à 10 minutes ;

d, Lavée à l'eau distillée [1] ;

e, Montée à la glycérine.

Les spores sont fort belles. Sur la musquée et la Truffe noire la conservation par 2° est indéfinie.

---

[1] Arrivée à ce point la coupe peut être lavée à l'alcool progressivement fort, puis absolu, éclaircie à l'essence et montée au banme.

TABLEAU IV

Pour rendre les préparations très transparentes :

A. Coupe très mince reçue et lavée dans l'eau, puis mise dans une capsule en porcelaine à manche dans alcool à 36°.

B. On fait tomber, goutte à goutte, dans l'alcool, de l'acide azotique du commerce jusqu'à apparition de vapeur nitreuses ; au besoin on chauffe légèrement.

C. Après dégagement de vapeur la coupe est à point ; on retourne la capsule dans l'eau et on y lave la coupe.

D. On la monte dans la glycérine.

L'évolution des spores s'y suit très bien.

TABLEAU V

A. *Tuber moschatum, æstivum*, etc., est coupé au microtome, en coupes extrêmement minces, après inclusion dans la paraffine.

B. La coupe est reçue dans l'eau distillée et lavée pendant 10 minutes.

C. Elle est plongée dans une solution contenant :

Eau distillée.	30^{gr}
Solution de potasse à 5 pour 100.	20 gouttes
Ammoniaque.	20 —
Solution de nitrate d'argent à 0,05 pour 100. .	10 —

et renfermée dans un flacon en verre jaune. La coupe y est laissée de 15 à 20 jours et agitée de temps en temps.

D. Elle est sortie de ce bain et lavée à l'eau distillée : 10 à 15 minutes.

Dès ce moment, elle peut subir les préparations suivantes :

1° *a*, Traitée à l'alcool progressivement fort, puis absolu 15 à 20 minutes ;

b, Éclaircie à l'essence ;

c, Montée au baume ;

2° a', Elle est lavée à l'eau distillée ;

    b', Elle est virée au chlorure d'or : 4 à 5 jours ;

    c', Elle est lavée à l'eau distillée ;

    d', Elle reçoit les manipulations a, b, c.

3° a", Elle est traitée à l'acide acétique dilué ;

    b", Lavée à grande eau ;

    c", Plongée dans 5 centimètres cubes d'eau distillée contenant 3 gouttes solution alcoolique de fuchsine et violet de méthyle : 1 à 2 minutes.

    d", Lavée à grande eau.

    e, Examinée dans une goutte de glycérine neutre [1].

4° α, Lavée à l'eau distillée ;

    β, Traitée au chloroiodure de zinc étendu ;

    γ, Examinée dans une goutte d'eau ;

    δ, Peut être montée et lutée avec de la paraffine ou du silicate de potasse [2].

Cette manipulation réussit moins bien avec des Truffes trop mûres ou des coupes faites depuis très longtemps.

TABLEAU VI

A. La coupe, très mince, est reçue directement dans une solution de :

    Eau distillée. . . . . 30^{gr}

    Acéto-tungstate de potasse. . . . . 0,50^{cgr}

    Chlorure d'or. . . . . 0,03^{cgr}

Elle y est laissée plusieurs mois.

B, Montée à la glycérine après lavage à l'eau distillée ;

C, Montée au baume après traitement à l'alcool progressivement fort et à l'essence.

Cette solution donne des préparations magnifiques, lorsqu'elle a servi à des virages, et que sa couleur est devenue violette.

---

[1] Cette préparation, dans laquelle la différenciation des tissus est très bonne, ne se conserve pas ; l'alcool la décolore.

[2] La chaleur détruit cette préparation qui est fort belle pour l'étude.

TABLEAU VII

A. Le *Balsamia*, les Hyménogastres, les *Hypogés à lacunes inté-rieures*, etc., sont coupés à main levée avec le rasoir mouillé d'eau.

Ou bien :

A'. 1° Ils sont plongés dans l'alcool à 36° : 1 jour ;

2° Ils sont sortis de l'alcool et mis à dégorger dans l'eau : 1 jour.

3° Ils sont plongés dans une solution sirupeuse de gomme : 7 à 10 jours ;

4° Ils en sont sortis et plongés dans l'alcool à 40° contenant un peu d'acide picrique : 1 jour ; ils s'y durcissent ;

5° Ils sont montés dans le microtome avec de la moelle de sureau et coupés.

B. La coupe est reçue dans l'eau et y reste, dans ce cas, jusqu'à disparition de la gomme.

C. Elle est passée à l'alcool à 36°.

D. Elle est colorée au picrocarmin ;

E. Lavée à l'eau distillée ;

F. Fixée à l'eau acidulée à l'acide acétique ;

G. Lavée encore à l'eau distillée ;

H. Montée à la glycérine.

On peut aussi la monter au baume après traitement à l'alcool progressivement fort et à l'essence.

Ces préparations sont très bonnes pour l'étude et d'une conservation indéfinie ; les veines obscures fixent la couleur.

TABLEAU VIII

A. La coupe mince, bien lavée, est reçue dans un bain d'eau colorée avec de la fuschine dissoute dans de l'alcool avec quelques gouttes d'huile d'aniline.

B. On chauffe à la lampe jusqu'à 30 à 40°.

C. Elle est sortie et lavée à grande eau.

D. Elle est décolorée avec de l'acide azotique au 1/5.

E. Elle est lavée à l'eau distillée qui lui redonne un peu de couleur.

F. Elle est montée dans la glycérine.

Très bonne pour suivre l'évolution des spores chez le *T. moschatum* et la Truffe noire.

TABLEAU IX

Dissociation des veines aérifères et étude des lignes obscures du T. rufum.

A. Les coupes, très minces, sont reçues dans un bain de potasse à 5 pour 100 et y sont laissées de 6 semaines à 2 mois. Le bain est de temps à autre porté à l'ébullition pendant quelques minutes.

B. Les coupes lavées à l'eau sont colorées à la vésuvine.

C. Elles sont montées à la glycérine contenant un peu de vésuvine.

TABLEAU X

Pour étudier les productions ligneuses, racines, etc., qui peuvent se rencontrer dans les Truffes.

A. La coupe, reçue dans l'alcool à 36°, est laissée quelques minutes.

B. Elle est mise dans un bain contenant de l'eau alcoolisée et colorée avec quelques gouttes de solution alcoolique de bleu de quinoléine.

C. Elle est lavée à l'eau distillée.

Le ligneux fixe le bleu de quinoléine et donne dans ce cas de très belles préparations.

CHAPITRE IV

Organisation générale de la Truffe. — Elle est semblable à celle des Hypogés et par eux se rapproche des Champignons aériens.

Au milieu de l'enchevêtrement que présentent, par leur réunion dans la Truffe, les éléments si simples représentés par la figure 3, il est fort difficile de se faire une idée des rapports que ces éléments affectent entre eux. Il serait même impossible de se représenter l'organisation générale d'une Truffe si l'on n'avait, pour point de départ, des Tubéracées à structure plus élémentaire et plus simple.

C'est pourquoi l'étude de la Truffe ne peut être séparée de celle des Champignons hypogés ; et c'est pourquoi aussi, de même que je l'ai comparée au début à l'Agaric dont elle semble si fort différer, je la dois comparer maintenant à ses proches parents, les Hypogés, pour montrer, tout de suite, comment elle est construite, et tout à l'heure comment sa filiation peut être établie.

Au cours des descriptions qui précèdent, j'ai montré le mycélium des Truffes au moment où il vient de former, par son feutrage, la portion la plus externe du *péridium*.

Le péridium constitue alors pour le Champignon, non seulement une enveloppe et un appareil de protection, mais encore un organe de nutrition qui continue à puiser, dans le sol, comme le mycélium lui-même.

Ce *péridium* qui constitue l'enveloppe externe d'un réceptacle généralement fermé et indéhiscent, — c'est-à-dire qui ne s'ouvre pas naturellement, pour laisser échapper les spores qu'il contient, — est loin de présenter chez les Tubéracées un même caractère.

Il diffère suivant les espèces, non seulement par sa couleur, mais aussi par sa résistance, par la consistance qu'il offre dans son ensemble, et par la présence ou l'absence d'aspérités, quelquefois extrêmement marquées, qui recouvrent sa surface extérieure.

Cette surface a été parfois appelée *velum*, pour poursuivre l'analogie qui relie les Hypogés aux autres Champignons. Cette expression, cependant, n'a le plus souvent ici qu'une signification théorique. Hormis les cas où l'on a affaire à un péridium double, elle ne s'applique pas, comme chez un grand nombre d'espèces de Champignons, à une membrane toujours séparable et visible, mais à une couche qui est à peine quelquefois pulvérulente, alors qu'elle existe.

On peut ramener à trois types les caractères présentés, au toucher, par le péridium des Tubéracées : il est recouvert d'aspérités, ou bien il est papilleux, lisse et comme poli. Par ces trois dernières formes de leur péridium les Tubéracées se rapprochent des Hypogés.

Quels que soient les éléments que puissent fournir, à la détermination rapide et sûre des espèces, les caractères présentés par le péridium, — lorsqu'on les combine surtout avec ceux qui sont fournis par leur couleur ou leur odeur particulière, — je ne m'arrêterai pas ici à les exposer en détail. Je veux surtout étudier, à présent, l'organisation intérieure de ces Champignons.

Lorsqu'on prend une Truffe, et qu'on la coupe, avec une lame bien tranchante, de la même façon qu'on partage une pomme, on obtient une surface plane, parcourue par des marbrures blanches sur un fond plus ou moins brun, mais ne présentant ni vacuoles ni lacunes. Cette disposition est représentée dans la figure 5.

Si l'on partage de la même manière un Champignon appartenant aux Hypogés proprement dits, ce sont des vacuoles, plus ou moins pleines d'une matière mucilagineuse ou quelquefois tout à fait vides, que la lame a mises à nu, sur son passage.

Mais si on laisse exposée à l'action de l'air la surface interne d'une Tubéracée coupée au couteau ou rompue par l'effort des doigts, la dessiccation ne tarde pas à la déformer. Elle devient inégale, des fragments se soulèvent par places. Des fentes et des crevasses ne tardent pas à s'y montrer : c'est la veine blanche qui en est le siège. Sous l'influence de la dessiccation et de la rétraction qu'elle lui fait éprouver, la pulpe brune ou noirâtre entraîne de part et d'autre la portion de *veine blanche* qui lui est contiguë ; celle-ci, sollicitée en sens opposé, se fend et se partage, trahissant ainsi, dans sa texture, une laxité plus grande et une résistance moindre que celles du tissu formé par la pulpe de couleur brune.

Si l'on a rompu une Truffe avec les doigts, et si on examine à la loupe la surface de séparation intéressant la pulpe brunâtre, on voit qu'elle est constituée par une foule de petits corps globuleux, saillants, brillants, semblables à des perles transparentes, contenant dans leur intérieur un certain nombre de points noirs. Ce sont les thèques renfermant les spores que j'ai signalées tout à l'heure. Ces petits sacs portent aussi le nom d'*asques*.

La présence de ces organes de reproduction a fait donner à la portion brune de la chair des Tubéracées le nom de *pulpe fertile*, par opposition à celui de *veine stérile* donné à la veine blanche dont il vient d'être question.

Si l'on pratique, au moyen d'un rasoir bien affilé, une coupe mince et large dans une Tubéracée, et si on l'examine par *transparence* sur une lame de verre, la veine blanche paraît *sombre* et *opaque*, tandis que

la pulpe constituée par la réunion des asques ou thèques est translucide. *C'est maintenant la veine blanche
qui paraît noire*, et la *pulpe noire qui est devenue
claire*.

En se servant, pour examiner cette coupe, d'un
grossissement moyen, au microscope, on voit que la
veine blanche contient une multitude de bulles de gaz
excessivement fines. C'est à l'emprisonnement de
l'air dans ses mailles qu'elle doit son apparence blanche, comme les pétales du lis doivent à l'air qui les
distend leur éclatante blancheur.

En plongeant la coupe, quelques minutes, dans
l'alcool à 40°, les bulles d'air sont chassées. Examinée au microscope, la veine blanche se trouve alors
constituée par des filaments transparents, souvent
entre-croisés, tandis que la pulpe noire, formée par la
réunion des asques, est restée claire et qu'elle arrive
en bordure, de chaque côté de la veine blanche, sans
jamais empiéter sur elle.

La présence du gaz dans les mailles de la veine
blanche lui a fait donner aussi le nom de *veine aérifère*.

En suivant, sur une coupe, les veines blanches qui
sillonnent et marbrent en quelque sorte la pulpe
fructifère, on constate que certaines de ces veines
partent de la portion la plus externe du péridium pour
venir se terminer soit à un autre point du péridium
plus ou moins éloigné du premier, soit dans la pulpe
fructifère elle-même, après avoir jeté, çà et là, quelques
ramifications ; quelquefois même les veines blanches

viennent aboutir à une petite dépression située à la base du tubercule et qui porte le nom de *fosse basilaire* quand elle existe (fig. 8).

Cette communication de la veine blanche avec l'extérieur, sur certains points du péridium des Truffes, avait fait donner à ces veines, par Vittadini, le nom de *venæ externæ*. Il réservait celui de *venæ internæ* aux veines fructifères, lesquelles, confinées à l'intérieur de la pulpe, ne viennent d'ordinaire toucher ni affleurer, par aucun point, la surface externe du tubercule.

La plupart des Tubéracées, examinées ainsi sur une coupe, ne présentent pas à la fois ces deux ordres de veines. Chez quelques-unes, au contraire, le *T. rufum*, le *panniferum*, l'*excavatum* et sur une espèce surtout, à laquelle M. le Dr Quélet et moi avons donné le nom de *stramineum*, la pulpe fructifère est parcourue par une ligne très fine d'apparence sombre qui, marchant entre deux veines blanches, leur reste toujours parallèle et ne les rencontre jamais.

Ces lignes internes, qui se détachent, en couleur plus foncée, sur le fond déjà brun de la pulpe fructifère, ont été désignées aussi sous le nom de *veines*, de *lignes obscures : venæ, lineæ obscuriores, septum*.

Enfin, sur quelques espèces, dont le *T. moschatum* et le *T. melanosporum* ou Truffe noire du Périgord sont des exemples, la veine blanche est bordée, sur ses deux faces, d'une zone qui laisse une petite distance entre elle et les thèques de la pulpe fructifère.

Cette zone a reçu le nom de *linea pellucida*, car, examinée par transparence, elle forme une bande plus *translucide* et *plus claire* suivant la veine blanche dans tous ses contours.

Une Tubéracée contient donc d'une manière. générale et permanente, dans son réceptacle, un *tissu fructifère* sillonné et divisé en îlots par une *veine blanche*. Suivant les espèces, ce tissu est lui-même parcouru par un *septum* plus brun, et la *veine blanche* est bordée et accompagnée d'une *zone pellucide*.

Ce *septum* ou *ligne obscure* qui se détache en ligne plus sombre sur le fond déjà brun de la pulpe fructifère, s'aperçoit très bien à l'œil nu et se suit mieux à la loupe. Mais, alors même qu'on ne le distingue pas par ces simples moyens, il est souvent facile d'en retrouver le vestige en examinant une coupe mince, par transparence, à la lumière oblique, et à un grossissement faible de 15 à 20 diamètres.

Il apparaît alors comme une traînée plus claire serpentant au milieu de la pulpe fructifère et on en prend le dessin. Si l'on interpose, alors, entre le miroir et la source de lumière ou entre le miroir et la coupe un écran qui l'empêche d'être éclairée par-dessous, il n'y a plus que les rayons réfléchis par la coupe qui pénètrent dans le microscope; les veines blanches apparaissent alors dans des conditions qui permettent de les dessiner à leur tour et leur tracé vient se placer à une certaine distance, entre celui des lignes obscures. *Veines blanches* et *lignes obscures* forment alors des sinuosités marchant parallèlement les unes aux autres et comprenant dans leurs intervalles le tissu fertile. C'est ce que montre bien la figure 6.

FIG. 6. — Veines blanches et noires du *Tuber stramineum*, grossi 2 fois.

Si l'on prend maintenant une espèce ayant avec la Truffe quelques rapports éloignés, le *Balsamia vulgaris*, et si on le coupe, la surface intérieure apparaît,

creusée de cavités labyrinthiques, séparées par des
cloisons. Au milieu de ces cloisons court une ligne d'apparence plus foncée qui les divise exactement en deux
parties égales. Si l'on examine cette coupe amincie,
au microscope, c'est de part et d'autre de cette ligne
obscure que se trouvent les thèques, remplies de leurs
spores ovales et transparentes, mêlées de longues
paraphyses et tournant leur côté libre vers la cavité
labyrinthique dont j'ai parlé.

Rien de ce que je viens de décrire et que représente
la figure 7 ne ressemble à la coupe d'une véritable
Truffe. Il est cependant possible de donner à une
coupe de Truffe un aspect tout à fait semblable à celui
du *Balsamia*. Il suffit de traiter une coupe mince de
rufum suivant le procédé décrit au tableau n° IX. On
obtient de cette façon une dissociation complète des
veines aérifères, lesquelles, sous la moindre pression,
s'entr'ouvrent et se séparent, formant ainsi des cavités
labyrinthiques, dans lesquelles flottent les thèques, et
offrant, avec celles du *Balsamia*, la plus grande ressemblance.

Ce n'est point seulement entre les cavités naturelles
du *Balsamia* et les *veines aérifères* dissociées du *rufum*
que l'analogie se poursuit. Elle se poursuit encore
entre la ligne de refente des cloisons de *Balsamia* et
la ligne obscure du *rufum*. C'est de part et d'autre
de ces lignes que naissent les sporanges et les paraphyses, dont la réunion constitue l'hyménium, et l'on
peut dire de ces lignes qu'elles jouent, chez les deux

Hypogés dont il vient d'être question, le rôle d'*hymé-nophore*.

Si, partant du *rufum*, nous remontons maintenant la série des Tubéracées, si, partant du *Balsamia*, nous parcourons celle des Hypogés, l'analogie se poursuit toujours. Chez les *Tuber* la ligne obscure est quelquefois si diffuse qu'elle semble manquer, mais les

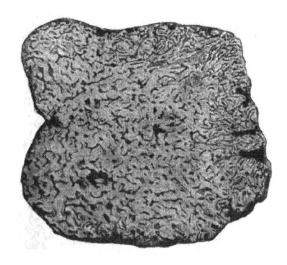

Fig. 7. — Coupe de *Balsamia vulgaris* avec ses cloisons et ses cavités.

veines à air existent toujours. Chez les Hypogés, la ligne obscure existe toujours, mais les cavités ou sinuosités labyrinthiques sont parfois très grandes, et l'hyménium qui flotte dans leur intérieur n'est pas toujours formé de thèques. Le plus souvent il est constitué par des *basides* sur lesquelles 2, 4 ou 6 spores sont portées par des pointes très fines, les *stérigmates*.

D'où viennent ces différentes veines et quel rôle jouent-elles?

Vittadini, le premier, se l'était demandé en cher-

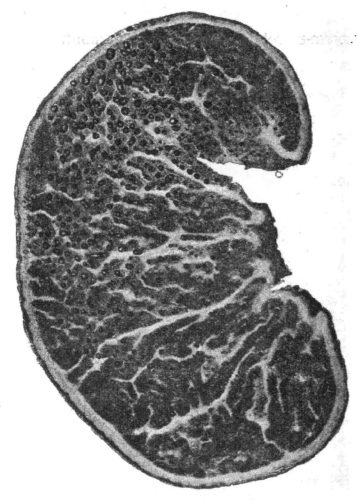

Fig. 8. — *T. rufum* dissocié, avec sa veine à air entr'ouverte, sa ligne obscure et grossi 2 fois.

chant aussi s'il n'existait pas, pour tous les Hypogés à *basides* ou à *thèques*, à *cavités* ou à *veines*, un plan général d'organisation sur lequel ces divers Champignons seraient façonnés.

Une *Pézize,* — l'*abietina,* par exemple, — étant donnée, admettons que son péridium, mou et ductile comme de la cire à modeler, garde facilement l'empreinte des déformations qu'on peut lui faire subir. Avec une pointe mousse, repoussons vers l'intérieur les divers points de la surface externe du péridium, l'hyménium qui tapisse la grande cavité intérieure de la Pézize se relèvera; il formera des saillies internes qui correspondront aux *enfoncements du péridium.*

Supposons maintenant, pour compléter l'hypothèse, que l'on coule de la cire blanche dans les *enfoncements externes,* et de la cire noire dans l'intérieur de la Pézize, *par son ouverture* naturelle, on aura, d'après Vittadini, l'image d'une Tubéracée.

En effet, si l'on pratique une coupe sur cette préparation refroidie, on met à découvert une surface grisâtre, sillonnée de lignes *noires* et de veines *blanches,*

D'après Vittadini, les *veines* de *cire blanche* correspondraient aux veines blanches des *Tuber,* les *veines de cire noire* aux *lineæ obscuriores.* Quant à la pulpe fructifère, elle serait comprise entre les deux lignes.

Cette hypothèse explique la dénomination de *venæ externæ* que Vittadini avait donnée aux *veines blanches;* — de *venæ internæ* qu'il avait donné aux *veines noires.* Voici du reste comment il les définissait :

Venæ externæ : *a superficie externa peridii intrusi formatæ, cum interno communicantes.*

Venæ internæ : *a mutua applicatione superficiei internæ peridii exortæ.*

Et la pulpe fructifère : *Substantia peridii... vel spatium a venis seu plicis circumscriptum.*

M. Tulasne n'a pas eu de peine à démontrer que cette hypothèse de Vittadini n'était pas exacte, que l'anatomie ne la justifiait pas, et que la veine blanche ne provenait pas de l'induplication du péridium.

Tout au plus l'admettait-il pour le *Genea,* auquel elle ne s'applique pas cependant. Du reste, Vittadini n'était nullement fixé sur le rôle de la *veine* externe à laquelle il attribuait la fonction de charrier la lymphe, et qu'il appelait aussi, pour cette raison, *lymphæ ductus* [1].

Il résulte, en effet, de la dissociation du *rufum,* (fig. 8) et de l'anatomie topographique des *Tubéracées* que les filaments portant les thèques, nés de la ligne obscure, quand elle existe, se dirigent du côté de la veine blanche, et que c'est vers le réservoir aérifère que les thèques et les paraphyses tournent leur partie libre.

Or, dans la Pézize *refoulée,* qui serait, d'après Vittadini, l'image fidèle d'une Truffe, tout se passe différemment. Les sporanges, nés de la *veine extérieure blanche,* tournent leurs parties libres vers la *veine intérieure obscure.* Il faudrait justement retourner l'hypothèse de Vittadini et intervertir le rôle des deux veines, pour la faire concorder avec la réalité.

En réalité, la veine blanche, la *veine externe* de Vittadini, ne provient pas de l'inflexion, de la *condu-*

[1] Tulasne, *Fungi hypogæi,* p. 36.

plication du péridium, dans l'intérieur de la Truffe. Elle arrive seulement à la surface extérieure du péridium par un ou plusieurs de ses points.

Seule la *veine interne* provient de la zone la plus interne du péridium, et cela est surtout visible chez le *rufum*, dont le cortex épais est formé de trois couches. C'est de cette troisième zone que viennent les *lineæ obscuriores*. Ces lignes forment le support de l'hyménium, elles le *nourrissent,* tandis que les sporanges et les paraphyses qui le constituent *vont respirer* dans la veine à air.

Mais la veine à air d'où vient-elle ? Elle procède, *sans induplication,* de la seconde couche du péridium, de celle qui se trouve immédiatement sous la *cuticule.* Le *rufum* en est également un exemple et la préparation, indiquée dans le tableau n° V (3°), permet de la suivre et d'assister à sa distribution au milieu de la chair ou *gleba* du tubercule. Elle est formée par l'enchevêtrement des hyphes stériles dont les dernières ramifications vont se perdre entre les sporanges et les paraphyses.

La couleur rouge brique, toute spéciale, qui leur est donnée par la préparation précédente, permet de les suivre pendant tout leur trajet, et la présence des bulles d'air, qu'elles retiennent dans leurs mailles, peut être observée directement au microscope, non seulement au milieu de la veine blanche proprement dite, mais aussi dans le tissu fertile des thèques.

Le rôle de la *veine à air* ne permet donc pas de lui

appliquer le nom de *lymphæ ductus* que Vittadini lui avair donné. Elle est, au contraire, un conducteur d'éléments gazeux, soit qu'elle mette l'hyménium au contact de l'oxygène de l'air, soit plutôt qu'elle lui permette de rejeter, au dehors, le gaz acide carbonique qu'il exhale.

La structure des Hypogés, à grandes vacuoles remplissant le rôle de la *veine à air*, est, à ce point de vue, plus simple encore. Ici, les éléments de l'hyménium, partis de la ligne obscure, forment eux-mêmes la paroi de la vacuole et ils y respirent directement.

Il n'est donc pas nécessaire que des filaments particuliers aillent, par capillarité, porter ou reprendre, au sein des sporanges, les éléments ou les produits de leur respiration. Aussi les vacuoles sont-elles vides, sauf chez les Mélanogastres où un liquide mucilagineux les remplit.

Si nous reprenons maintenant la Pézize de Vittadini, il me sera bien facile de montrer comment il la faut envisager pour qu'elle ressemble à un Champignon hypogé, quand elle a été refoulée. Il est certain que la cavité naturelle comprimée par les refoulements de l'écorce tend à s'oblitérer à mesure que ses parois se rapprochent. Supposons qu'une mince couche de coton soit répandue au-dessus de l'hyménium. Ce coton, comprimé par le refoulement et suivant toutes les sinuosités que la déformation à imprimées à l'écorce de la Pézize, arrivera à ne plus former qu'une cloison celluleuse, ramifiée, étroite, empêchant les paraphyses

et les thèques qui formaient l'hyménium de la Pézize
de se toucher par leurs parties libres : ce sera l'équivalent de la *veine à air*.

Si le refoulement n'a pas été suffisant pour oblitérer
la cavité naturelle de la Pézize, dans laquelle on n'aura
pas mis de coton, les parois, qui se seront rapprochées
mais qui ne se toucheront pas, formeront pas leurs
sinuosités une série de vacuoles ou de lacunes vides
et la ressemblance avec les Hypogés à *lacunes* sera
frappante. Il reste seulement à montrer quelle sera
dans cette Pézize la place de la *zone pellucide* et comment elle s'y formera pour que son assimilation avec
quelques Tubéracées soit absolument parfaite. Or
rien n'est plus facile que cette démonstration : il suffit de tenir compte de ce fait que, chez les Tubéracées,
les paraphyses sont souvent bien plus longues que
les sporanges et les dépassent.

Supposons donc l'hyménium, tapissant la cavité de
la Pézize, ainsi constitué que les paraphyses soient
plus longues que les thèques et qu'elles forment, au-
dessus d'elles, comme une couche transparente : elles
donneront naissance à une bande claire qui bordera
d'un côté et de l'autre la cloison de coton qui est la
veine à air. Telle est l'origine et la nature de la *zone
pellucide* que l'anatomie du *T. melanosporum* montre
avec la plus grande évidence.

J'ai dit tout à l'heure que la ressemblance de la
Pézize ainsi refoulée avec quelques Tubéracées
était absolument parfaite. Cela est vrai, à quelques

détails près, pour chaque espèce, et je vais le démontrer.

Soit figure 9, une Pézize. Supposons que le péridium P se soit infléchi sur la partie gauche de manière
à former sur l'*hyménium* HH un léger revêtement pro-

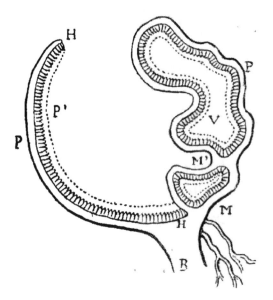

FIG. 9. — Pézize naturelle d'un côté, enroulée de l'autre,
pour montrer la formation du *Genea*.

tecteur P'. Le côté droit de la figure représente la
Pézize qui s'est enroulée sur elle-même de façon que
sur certains points, M', les parois se sont touchées
et soudées. Il en résulte l'image parfaite d'un *Genea
sphærica*, si le péridium n'est pas bossué extérieure-
ment, et celle d'un *Genea verrucosa*, s'il a reçu des
dépressions qui ont refoulé sa surface. Bien plus,
l'inflexion de la Pézize aura laissé subsister, en haut,

l'ouverture H qui existe chez le *Genea* et la base B aura
avec la base de ce Champignon, chargée de mycélium M, la plus parfaite analogie. Le contour de la
ligne obscure et la vacuole V s'y voient fort bien.

Soit maintenant, figure 10, une deuxième Pézize

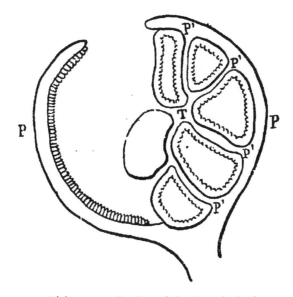

Fig. 10. — Pézize naturelle d'un côté, disposée de l'autre pour
montrer la formation des Hypogés à vacuoles.

dont la couche la plus interne P′ du péridium P aura
été soulevée sous forme de tractus P′T avec l'hyménium qu'elle supporte. Ces tractus vont jusqu'à se
toucher, se croiser en se soudant. Ils constituent alors
des vacuoles tapissées par l'hyménium et renfermées
dans un réceptacle clos ou incomplètement clos, suivant que les bords BB se sont soudés ou non soudés
en se rapprochant. Dans le premier cas, on a affaire à

une *Hyménogastrée*, et à un *Pachyphlœus* avec son *ouverture apicale*, dans le second.

La démonstration pourrait être poursuivie longtemps encore. Je me borne à la donner pour les Tubéracées proprement dites que l'absence de pied éloigne le plus des Pézizes.

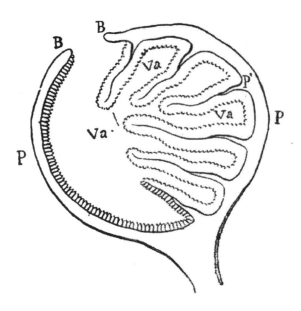

Fig. 11. — Pézize naturelle d'un côté, montrant de l'autre la formation d'une Tubéracée.

Soit donc encore, figure 11, une Pézize dont la couche interne du péridium aura été soulevée, comme dans le cas précédent, sous forme de tractus qui cette fois ne se rencontreront pas, mais seront chargés de leur hyménium. Si nous garnissons de coton les intervalles laissés par les sinuosités de cet hyménium, nous obtiendrons la *veine à air Va*, et quand le réceptacle sera fermé par la soudure des bords BB, quand le pied sera tombé laissant une cicatricule, c'est une Tubéracée à fosse basilaire que nous aurons obtenue.

Est-il besoin de poursuivre cette démonstration, et la dérivation de ces diverses formes, en partant d'un type unique, n'est-elle pas évidente? J'en retiendrai cependant quelque chose, c'est que je suis parti d'un Champignon aérien pour arriver aux Champignons hypogés, et de cette considération je veux tirer quelques réflexions nécessaires.

Chez les Champignons aériens, à l'exception des *Lycoperdacées* qui forment la transition avec les *Hypogés*, l'hyménium situé à l'*extérieur* ou toujours au contact de l'air, par des ouvertures naturelles (Pézizes, etc., etc.), vit et respire dans ce milieu. Chez les Champignons souterrains, au contraire, l'hyménium, protégé contre la pression et le contact de la terre par le péridium dans lequel il est enfermé, ne communique pas facilement avec l'air extérieur.

C'est alors dans les *vacuoles* ménagées à l'intérieur de ces Champignons, c'est dans la *veine blanche* qui n'est qu'une *vacuole* à *bords rapprochés*, que les échanges gazeux s'effectuent. De là la nécessité pour ces Champignons de posséder des réservoirs ou des canaux qui puissent recevoir leurs exhalaisons et les porter au dehors.

Dans la veine blanche, dans les ramifications qu'elle envoie au sein du tissu fertile des thèques, les produits de la respiration, à mesure qu'ils s'y accumulent, sont poussés, par cette accumulation même, par l'effet du *vis a tergo*, jusqu'à la portion externe du péridium où la veine blanche vient aboutir. Là ils se diffusent dans le sol.

Dans les vacuoles, cette accumulation se produit aussi, et comme la plupart communiquent entre elles et que les plus extérieures viennent aboutir au péridium, les produits gagnent par là l'air extérieur.

Il y a donc, entre les Champignons aériens et les Hypogés une analogie de fonction : tous ils respirent dans l'air, que cet air soit libre ou contenu dans des poches plus ou moins fermées.

Mais il y a plus : au point de vue de la structure l'analogie n'existe pas seulement entre la Truffe et la Pézize et les Champignons voisins, mais elle peut se poursuivre jusqu'à l'Agaric auquel je comparais la Truffe dans les pages qui précèdent.

Quelle différence existe-t-il, en effet, entre les *lames* de l'Agaric et les *tractus* sur lesquels court et serpente l'hyménium dans la figure 11?

Quelle différence entre les *loges* ou *vacuoles* d'une *Hyménogastrée* et les *tubes* d'un Bolet : l'hyménium ne tapisse-t-il pas, de la même manière, les unes et les autres?

Ces considérations permettent de donner des Hypogés la définition générale et simple qu'on peut appliquer à tous les Champignons :

Ils sont constitués par une bande d'hyménium rem-

plissant, de ses sinuosités plns ou moins nombreuses, un réceptacle le plus souvent fermé.

Dans cet enroulement, la bande d'hyménium obéit à cette loi constante que *le côté correspondant à l'insertion des paraphyses des thèques ou des basides se juxtapose, s'adosse toujours à lui-même et forme la ligne obscure visible ou diffuse, tandis que le côté correspondant aux parties libres de ces mêmes organes se fait toujours vis-à-vis et circonscrit, suivant qu'il s'est plus ou moins rapproché, des veines ou des vacuoles à air.*

Si l'on veut bien appeler *face* la portion libre des *thèques* ou des *basides*, et *dos* la portion par laquelle elles s'insèrent, on peut dire que, quelle que soit la position de l'hyménium, elles sont toujours *face à face*, ou *dos à dos*.

Les Champignons hypogés et les Champignons aériens ayant une structure analogue, des fonctions semblables, étant privés les uns et les autres de la fonction chlorophyllienne, respirant à la manière des animaux et exhalant de l'acide carbonique, les uns à l'air libre, les autres dans des vacuoles ou veines communiquant avec l'extérieur, il semble qu'il n'existe plus entre eux qu'une différence, celle qui vient de leur habitat.

On peut cependant dire que ce n'est là qu'une affaire de moment.

En effet, bien des espèces *aériennes*, et dont l'hyménium *s'étale en liberté* sur des lames ou dans des tubes, ont commencé par être *souterraines* et *closes*. Seulement, par l'effet de leur évolution, elles arrivent à la surface du sol, et c'est là qu'elles se débarrassent de l'enveloppe générale ou *volva* et du *voile* partiel ou *velum* sous lesquels leur hyménium vivait et respirait jusqu'alors.

Si l'on se place à un point de vue philosophique, on voit qu'il existe un grand plan d'ensemble sur lequel les Champignons sont façonnés, et j'ai essayé de montrer dans ce chapitre comment les Hypogés, puis les Tubéracées, s'y rattachent.

Mais comme j'étudie tout spécialement les Tubéracées dans ce livre, je me servirai d'une comparaison qui joindra, à l'avantage de mieux marquer leur structure, celui de mieux expliquer aussi la présence ou l'absence de la ligne obscure chez elles.

Je dirai d'elles, qu'elles sont constituées par la réunion, dans un même réceptacle, de *grappes fructifères* séparées les unes des autres par les veines à air.

Le pédoncule de la grappe, sur lequel les sporanges sont attachés par groupes, représente l'*hyménophore*, c'est-à-dire la *ligne obscure*. On comprendra dès lors que si ce pédoncule est formé de brins plus ou moins diffus et épars, ou, au contraire, réunis en faisceaux plus serrés, sa visibilité sera plus ou moins grande et aussi celle des *lineæ obscuriores* qui en sont la représentation.

Si l'on veut tenir compte de ce fait, qu'en réalité

les grappes fructifères sont des franges suspendues dans le réceptacle, à la manière des tentures, on aura de la constitution de la Truffe une idée nette et exacte qui rendra plus facile son étude et celle des éléments qui vont servir à sa classification.

CHAPITRE V

Variétés de Truffes. — Variétés culinaires, variétés botaniques ; comment elles se classent entre elles et comment elles entrent dans la classification générale des Champignons.

Ainsi qu'on vient de le voir, par les nombreux sujets auxquels il a fallu recourir pour étudier les Tubéracées, il existe un certain nombre d'espèces différentes de Truffes.

Cependant, pour l'homme du monde, il n'y en a presque qu'une seule, celle que l'on mange, et c'est ainsi qu'en France la Truffe noire et parfumée qui vient du Périgord, du Dauphiné ou de la Provence, celle de Bourgogne et la grise d'Italie sont confondues sur la rubrique générale de Truffe.

Il y a, cependant, au point de vue de la saveur seule, une différence bien grande entre la Truffe de Bourgogne et les autres Truffes que je viens de désigner. Mais dans le monde on explique cette différence par la diversité du climat qui les voit naître. Cette explication s'étend aussi aux divergences qui séparent les Truffes d'été de celles d'hiver, et cette raison, tirée de la saison et du climat, est, paraît-il, suffisante pour ceux qui, se contentant de les savourer, ne leur demandent pas autre chose.

S'il suffisait aux Truffes de n'être point vénéneuses pour être comestibles, le nombre des espèces qui serait livré à la consommation serait encore considérable, puisque parmi les Hypogés en général on n'en connaît guère qui possède réellement des propriétés malfaisantes. Mais la cuisine n'accepte pas aveuglément, pour le destiner à la nourriture de l'homme, tout ce qui est simplement inoffensif : il faut encore que les substances répondent à quelques qualités de goût ou à quelque valeur de nutrition pour qu'elle se charge de les apprêter suivant les désirs de l'homme ou les exigences de la mode.

Aussi la cuisine fait-elle un choix parmi les variétés comestibles, que les paysans, moins raffinés que les citadins, n'hésitent pas à consommer, lorsque les hasards du marché ne leur font point rencontrer u consommateur facile.

La provenance est pour la cuisine un des facteurs de leur arome et un des éléments qui lui servent à se déterminer dans ses choix, et voilà pourquoi, en France et dans le monde entier, la Truffe du Périgord est la première parmi les variétés culinaires de la Truffe. Il est vrai de dire que, sous cette appellation, sont aussi vendues et mangées les Truffes de la Provence et du Dauphiné, et que, le Périgord, qui les leur emprunte pour les mêler aux siennes, reconnaît implicitement par là qu'elles leur sont égales.

Si la cuisine ne distingue les Truffes que par leur provenance, et si elle ajoute, quelquefois, à ce moyen de les caractériser, quelque autre moyen tiré de leur couleur, le commerce est tenu à plus de rigueur.

Il lui faut opérer une sélection sur les tubercules qu'il achète pour les livrer à la consommation, et de là vient pour lui la nécessité de les mieux connaître et de pouvoir, à première vue, différencier les unes des autres les Truffes qui lui sont présentées.

Le commerce admet donc deux grandes classes de Truffes : les comestibles, qu'il livre à la cuisine, et les sauvages, qu'il n'accepte pas.

Parmi les comestibles, il range tout naturellement en première ligne les Truffes noires du Périgord et de Provence dont il fait deux variétés : la violette et la grise ; les Truffes blanches d'été ; les Truffes de Bourgogne qu'il distingue en Truffes *gros grain* et Truffes *petit grain,* suivant la grosseur de leurs verrues. Pour toutes, il fait entrer en ligne de compte la provenance générale et la couleur spéciale du terrain qui les produit, car ces conditions créent non seulement des variétés particulières et distinctes, mais encore des nuances fort appréciables chez les mêmes espèces de Truffes.

Quant aux sauvages, elles comprennent toutes celles que l'on ne mange point, non point parce qu'elles ont des propriétés malfaisantes, mais parce que leur saveur âcre et forte ou la dureté de leur chair ne les font point apprécier..

Parmi les Truffes sauvages, le commerce compte les Truffes *fortes* ou *musquées*, les rousses, les *jaunes*, les frisées… Les musquées, qu'il ne faut point confondre avec le *Tuber moschatum* de Bulliard, sont connues en Provence sous le nom de *Caillettes*, appellation sous laquelle viennent se ranger quelquefois les Truffes non mûres encore. Quant aux autres Truffes sau-vages, elles sont généralement englobées en Provence sous le vocable de *Nez-de-chien* ou de *Museau-de-chien*, de la ressemblance du fin grenu de leur écorce avec le nez de ces animaux. En Périgord, on les désigne, d'après M. de Bosredon, sous le nom patois et mas-culin de *Truffé*, le nom féminin de *Truffo* ou *Truffa* étant réservé aux bonnes espèces.

Les Nez-de-chien sont *rouges*, *jaunes* ou *noirs*, sui-vant la couleur de leur écorce; à côté d'eux viennent les *Oreilles*, les *Oreillettes*, les *Pattes-de-chien*, Cham-pignons qui ne sont pas toujours des *Tuber*, mais auxquels leurs formes ont fait donner ces noms caractéristiques.

Cette nomenclature du commerce, fondée sous la notion simple de la comestibilité des Truffes, n'offre, on le comprend bien, aucune base à une bonne clas-sification : la comestibilité, chez des espèces inoffen-sives, n'étant qu'un caractère vague et purement relatif.

Si les variétés comestibles ne comprennent en général que de vraies Truffes, — et il faut faire exception pour le *Melanogaster* de Bulliard mangé sous le nom de *moschatum* et le *Rhizopogon Usselii* mangé par les Japonais, — les sauvages comprennent un mélange de Truffes et de tubercules appartenant à des genres tout à fait différents, et qui n'ont entre eux qu'un seul caractère commun, celui d'être des Champignons souterrains.

A ce point de vue, la division en *Truffes vraies* et en *Truffes fausses* ne vaut pas mieux, car si l'on range parmi les fausses Truffes toutes celles à qui la mode refuse le droit à la comestibilité, on risque bien d'y comprendre des tubercules, tels que le *rufum* et le *moschatum*, qui sont, dans l'acception stricte et scientifique du mot, de véritables Truffes.

Le paysan, celui qui cherche la Truffe, le *rabassier*, le *caveur* de Truffes, comme on dit communément en Provence et en Périgord, use à peu de chose près de la même nomenclature que l'acheteur auquel il va vendre sa récolte.

Au hasard de la recherche, il trouve cependant un plus grand nombre d'espèces que celles qu'il apporte au marché, mais il élimine celles d'espèce ou de qualité douteuses, assuré qu'il est de ne point trouver à les vendre. Parmi ces tubercules, les *Nez-de-chien*, catégorie très compréhensive comme on verra, quelquefois les *poivrés*, les *cuisants*, etc., Champignons dont les noms varient, d'un village à l'autre, pour une même espèce, figurent le plus ordinairement.

Si les provinces où l'on récolte les Truffes ne suffisent pas toujours à leur imprimer, par leurs conditions climatériques particulières, des différences assez grandes pour constituer de véritables espèces, à plus forte raison serait-on mal venu de classer les Truffes d'après la nature du terrain dans lequel elles viennent.

On les a classées en Truffes des terrains siliceux ; en Truffes des terrains calcaires, argileux ; en Truffes des terres rouges et blanches. S'il est vrai que les meilleures Truffes viennent dans les terrains calcaires, siliceux, les mauvaises y viennent aussi, et si les Truffes prennent, au sol, un parfum particulier de cru, un certain goût de terroir, il n'y a rien, dans cette propriété fugitive, qui puisse autoriser une classification.

Il en est de même des essences au pied desquelles on récolte habituellement les Truffes. Elles ne peuvent être prises pour base d'une nomenclature. Les meilleurs espèces viennent au voisinage des Chênes, mais elles viennent aussi au pied du Noisetier, du Charme, du Pin et du Peuplier, et rien ne peut les faire différencier les unes des autres.

Les caractères tirés de la provenance, du sol, des arbres avoisinants ne suffisent donc pas plus que leur comestibilité pour classer les Truffes ; et plus qu'aucun autre la comestibilité est un caractère de convention.

En effet, si le paysan ne vend pas ses Truffes sauvages, il lui arrive souvent de les manger; la mode cependant ne les tient pas pour comestibles.

Les caractères fournis par la forme et la consistance de leur écorce seraient des points de repère bien autrement meilleurs pour différencier les Truffes entre elles. Mais on connaît déjà les Truffes quand on peut les déterminer ainsi, et un commerçant qui voudrait tenter d'une pareille classification exposerait les Truffes à de singulières compromissions et à de bizarres alliances.

Cependant ces caractères relèvent déjà de la botanique, et c'est à la botanique seule qu'appartiennent le droit et le pouvoir de classer les Truffes, parce que seule elle peut puiser, dans la connaissance de leurs éléments et dans la forme et les rapports qu'ils affectent, des points de repère absolument sûrs.

On peut, pourtant, d'après le caractère fourni par l'écorce des Truffes, les diviser d'emblée en deux grandes catégories : celles dont le *péridium estr ecouvert d'aspérités plus ou moins rudes*, depuis l'aspect simplement chagriné jusqu'à la verrue la plus saillante, — *puis celles dont le péridium est tout à fait lisse ou légèrement pulvérulent.*

Mais, cette grande division faite, les caractères tirés de l'écorce ne suffisent plus pour séparer toujours sans erreur les unes des autres les Truffes appartenant à une de ces catégories. La couleur du péridium, son épaisseur, le nombre de couches dont il est formé, peuvent intervenir alors pour ajouter un nouvel élément de détermination à ceux que la surface de l'écorce fournissait déjà.

La couleur de la chair, sa consistance, la forme, la direction de ses veines, ne donnent que des caractères incertains, si l'on excepte le cas où l'on a affaire à des espèces très distinctes et que d'autres particularités déterminent mieux.

Mais le caractère le plus constant vient des spores.

L'observation des spores permet non seulement de distinguer les unes des autres les Truffes que la rudesse de leur péridium place dans une même catégorie, mais elle permet de relier les *Tubéracées*, par les Hypogés, aux deux grandes classes qui se partagent les Champignons : ceux à *basides* et ceux à *sporanges*.

Les spores des Tubéracées, ainsi que je l'ai déjà dit, se forment au sein du liquide mucilagineux dont les thèques sont pleines. A un moment donné, de petits nucléoles se montrent qui s'entourent d'un noyau, puis d'une membrane rugueuse. C'est la seule qui intéresse au point de vue de la classification, car elle revêt des caractères constants et fixes d'une valeur absolue.

Cette membrane extérieure des spores, chez les Tubéracées proprement dites, est généralement de couleur brune. Elle est garnie de pointes ou piquants, ou sillonnée par des lignes formant par leur croisement des alvéoles ou des réseaux élégants. De là des spores *échinées*, c'est-à-dire armées de pointes, comme le hérisson ou l'oursin, des spores *réticulées* ou alvéolées et des spores *mamelonnées* ou *verruqueuses*.

De nombreuses observations me portent à croire que la forme *échinée* des spores est une forme plus avancée de l'évolution des spores *alvéolées*.

Il n'est pas très rare, en effet, de trouver chez quelques espèces de Truffes, à spores manifestement *échinées*, quelques thèques contenant, à côté des spores normales, une spore alvéolée.

Pour bien définir la spore *alvéolée*, je ne saurais mieux faire que de me servir d'une comparaison fort vulgaire. A l'origine, les piquants des spores sont reliés entre eux par une fine membrane ; ils sont tout à fait semblables à des piquets reliés par des cordes, sur lesquelles on aurait étendu du linge.

Le linge et les cordes étant enlevés, les piquets restent, et c'est l'ordinaire pour certaines espèces qui ne présentent plus que des piquants.

Mais, sur quelques points, le linge peut avoir été oublié ; c'est une exception, mais il suffit qu'elle se produise une fois pour que la spore arrêtée en un point de son évolution paraisse alvéolée ou réticulée.

Il existe donc une transition entre la spore *échinée* et la spore *alvéolée*. La première, à pointes libres, est une forme plus avancée que la seconde ; mais en pratique, la distinction entre les unes et les autres est des plus caractéristiques et les Truffes qui les possèdent sont nettement différentes.

Les sporanges affectent aussi, soit des formes, soit

des moyens d'insertion particuliers qui aident à caractériser les espèces. Si l'on joint à tous ces éléments, ceux qui sont fournis par la forme et la dimension des spores elles-mêmes, par leur nombre dans un même sporange, par la faculté qu'elles possèdent de fixer, les unes mieux que les autres, les réactifs colorants que la micrographie leur applique; si l'on y ajoute encore tous les renseignements fournis par la présence de la ligne obscure et de la zone pellucide, dont j'ai expliqué la formation, on aura, pour la classification des Truffes, des points de repère très précieux.

Les Truffes se différencient donc entre elles par la forme de leurs spores, par la rudesse et l'épaisseur de leur écorce, par la forme de leurs sporanges, par les veines qui traversent leur chair, par la couleur, la saveur et l'arome de celle-ci. C'est la subordination de ces divers caractères qui permet de les classer et de les disposer en tableaux montrant les affinités qu'elles ont les unes avec les autres.

Je donnerai tout à l'heure quelques-uns de ces tableaux de classification, mais je rechercherai, auparavant quels sont les liens qui rattachent les Truffes à la grande classe des Champignons, et quelle est la place qu'elles occupent sur cette longue chaîne des Cryptogames qui va de la cellule rudimentaire du ferment à l'organisation plus compliquée de l'Agaric.

S'il était permis et possible de comparer, aux graines des Phanérogames, les spores des Champignons, il serait bien facile de retrouver chez ceux-ci ce qui est bien établi pour ceux-là, c'est-à-dire une *angiospermie* et une *gymnospermie*. On pourrait dire alors que les Hypogés dont les spores sont, pour quelques-uns, *libres*, *nues* et *posées* sur des *basides*, et, pour quelques autres, *enfermées* dans des *sporanges clos*, forment la transition naturelle entre les *Gymnospermes* et les *Angiospermes*.

On pourrait le dire d'autant mieux qu'un Hypogé, l'*Hymenogaster niveus* ou *tener*, a ses spores portées sur des basides et libres quand elles sont mûres, tandis qu'elles sont enveloppées dans une membrane quand elles sont jeunes et que là se rencontrerait, en quelque sorte la forme de passage de la spore libre à la spore enfermée.

Mais il semble démontré, au contraire, que les spores, organes non fécondés encore, n'ont rien de commun avec une graine; il faut donc en rabattre de l'importance que je donnais aux Hypogés comme appareils de passage entre les deux grands ordres de végétaux et je me bornerai à dire que les Hypogés sont la transition des Champignons à basides avec les Champignons à asques.

Ce sont les *Elaphomyces* et surtout les *Cenococcum*, dont l'hyménium se résoud très vite en un détritus filamenteux, qui sont, parmi les Hypogés, le point particulier de la transition. Leurs asques, assez marquées quand elles sont jeunes, ne sont plus guère indiquées quand elles sont vieilles, que par le groupement des spores qu'elles contiennent, et la démonstration de leur existence devient dès ce moment de plus en plus incertaine.

Puis, si l'on s'oriente vers les Champignons à basides, ce sont les Hyménogastrés que l'on rencontre de suite, et, tout d'abord, l'*Hymenogaster tener*, avec ses spores quelquefois enveloppées.

Les *Sclérodermées*, moitié souterraines, moitié aériennes, mènent rapidement aux *Lycoperdons* tout à fait aériens et dont une forme, le *Secotium excavatum*, élève au-dessus du sol son péridium porté par un stipe.

Le *Gyrophragmium* continue cette évolution ; les Phalloïdées se dépouillent de bonne heure du péridium que les *Secotium* gardent plus longtemps. Des *Phalloïdées* aux *Involvés* et des *Involvés* à tous les grands Champignons *basidiomycètes*, la transition est évidente.

Des Élaphomyces aux grands Champignons *ascomycètes*, la transition est tout aussi naturelle et tout aussi ménagée et ce sont les Tubéracées que l'on rencontre tout de suite. Puis viennent les *Balsamia* qui sont les pendants des *Hyménogastrés*, puis la *Pézize* à moitié souterraine d'abord et tout à fait aérienne quand son évolution est complète. De la *Pézize* à l'*Helvelle*, de l'*Helvelle* à la *Morille*, et de celle-ci aux grands Champignons *ascosporés*, l'évolution continue sans interruption.

Voilà donc, bien déterminée, la place de la Truffe dans la série, et son anneau se relie très bien avec celui des Élaphomyces d'une part et des *Pachyphlœus*, puis des *Balsamia* de l'autre. Mais des Élaphomyces aux Hyménogastrés, c'est-à-dire de la sporange pure à la baside pure, la transition est-elle assez ménagée par l'*Hymenogaster tener* et ne manque-t-il pas ici quelque chaînon à trouver ou perdu? Je ne l'affirmerais pas.

Quoi qu'il soit de cette forme évolutive intermédiaire, je vais faire un tableau de ces affinités des Tubéracées et des Hypogés avec les Champignons supérieurs.

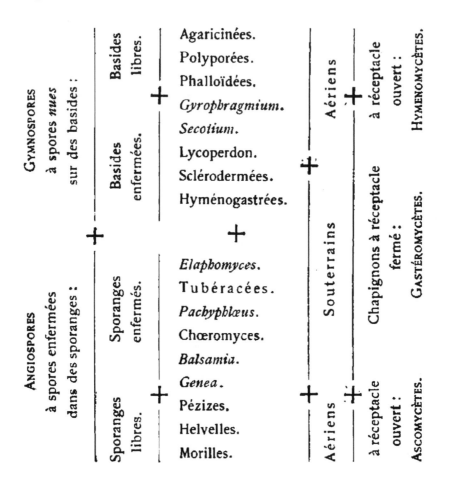

Ce tableau tient compte des quatre facteurs : mode de support des spores, position du support, habitat et forme du receptacle qui entrent, pour une grande part, dans le classement des Champignons. Les points de passage, d'une forme à l'autre, ont été marqués par des croix +.

Cette nomenclature, où j'ai à dessein négligé de faire figurer les Champignons *filamenteux* et les *Myxospores*, dans lesquels les spores, englobées dans un mucilage, ne se sont encore orientées ni dans le sens des basides ni dans celui des sporanges indique suffisamment les relations des Truffes avec les principales espèces. Mais ce tableau ne marque point les relations que les Truffes ont entre elles : il n'en donne point une idée synthétique.

Cette synthèse, la classification qui en découle, suivant les grands caractères que j'ai indiqués tout à l'heure, je les emprunterai à l'ouvrage de M. Tulasne et à l'*Enchiridion Fungorum* de M. Quélet.

Mais il convient, auparavant, de montrer d'une manière sommaire comment on peut différencier, les uns d'avec les autres, les genres appartenant aux *Hyménogastrés*, parce que ces Champignons, venant dans les mêmes conditions que les Truffes, se trouvent mélangés avec les Truffes, dans les mêmes truffières, et sont souvent fouillés avec elles.

Les tableaux pour arriver à cette détermination ne manquent pas, et la *Flore* d'Otto Vunsche, traduite par M. de Lanessan, la nomenclature de M. Tulasne et l'*Enchiridion* de M. Quélet seront des instruments excellents dont pourront se servir avec fruit ceux qui veulent arriver à la connaissance complète de ces intéressantes espèces.

Mais j'aime mieux me borner à donner ici la simple petite table que M. Forquignon a rédigée, pour arriver rapidement à caractériser les genres de la famille des *Hyménogastrés* :

1 { Péridium séparable. . . . . HYSTERANGIUM.
  { Péridium non séparable. 2

2 { Poreux, ou perforé alvéolé à l'extérieur. . GAUTIERIA.
  { Non poreux, ni perforé alvéolé. 3

3 { Vêtu d'un réseau de filaments. 4
  { Sans réseau de filaments. 5

4 { Glèbe déliquescente, cellules rondes. . MELANOGASTER.
  { Cellules à parois diaphanes, spores biocellées. RHIZOPOGON.

5 { Cellules rondes, plus grandes au centre. . HYDNANGIUM.
  { Cellules petites, contournées, rayonnant de la base :
  {   HYMENOGASTER.

Voici maintenant la classification des Tubéracées d'après M. Tulasne d'abord, puis d'après M. Quélet :

TABLEAU D'APRÈS M. TULASNE

TUBER.

Péridium plus ou moins raboteux, verruqueux, papilleux ou légèrement rude au toucher.

- Péridium charnu, chair humide. Comestibles pour la plupart.
  - Spores mûres hérissées de pointes aiguës. . . . . . .
    - T. brumale.
    - T. melanosporum.
  - Spores mûres alvéolo-réticulées.
    - Verrues grandes, souvent dures.
      - T. æstivum,
      - T. mesentericum.
    - Verrues petites à peine papilleuses.
      - T. macrosporum.
      - T. oligosporum.
      - T. fœtidum.
      - T. ferrugineum.
- Péridium bien limité et coriace, chair dure devenant cornée. . . . .
  - Spores mûres échinées.
    - T. rufum.
    - T. nitidum.
    - T. panniferum.
    - T. Requieni.
  - Spores rétic. alvéolées.
    - T. excavatum.

Péridium lisse-poli, d'abord blanchâtre, puis le plus souvent teinté, mince ou très peu épais.

- Spores toujours alvéolo réticulées.
  - Privé de fossette basilaire.
    - T. Borchii.
    - T. dryophilum.
    - T. rapæodorum.
    - T. puberulum.
    - T. maculatum.
    - T. microsporum.
    - T. asa.
  - A fossette basilaire.
    - T. magnatum.

TABLEAU D'APRÈS M. QUÉLET

		Spores échinées	T. brumale. T. melanosporum.
	Péridium charnu, espèces comestibles.	Spores alvéolo-réticulées.	Verrues très grosses et rudes. → T. æstivum. / T. mutabile. / T. mesentericum. Surface très fine ou à peine papilleuse. → T. macrosporum. / T. oligosporum. / T. fœtidum. / T. ferrugineum.
Tubercules à veines fructifères et aérifères.	Péridium coriace, chair cornée, dure à la dent.	Spores échinées.	T. rufum. T. nitidum. T. Requienii. T. panniferum.
		Spores alvéolo-rétic.	T. excavatum. T. fulgens.
	Péridium mince, lisse, d'abord blanchâtre.	Spores alvéolo-réticulées.	Sans base propre. → T Borchii. / T. dryophilum. / T. Mougeotii. / T. maculatum / T. microsporum. / T. asa. / T. rapæodorum. / T. puberulum. A base propre. → T. magnatum.

Toutes les espèces que contiennent les tableaux précédents sont décrites dans les *Fungi hypogæi* ou dans l'*Enchiridion Fungorum*, mais beaucoup d'espèces sont mentionnées par M. Tulasne qui n'ont point été, de sa part, l'objet d'une description spéciale.

Parmi les nombreuses espèces indiquées, il en est, j'en suis sûr, qui doivent, sous différents noms, désigner le même individu. La synonymie, dans ce genre de recherches, est en effet difficile à établir, et on risque d'augmenter la confusion en jetant dans le groupe une appellation nouvelle.

Je n'ai pas retrouvé dans la région que j'habite toutes les Tubéracées décrites par M. Tulasne, et il en est quelques-unes qu'il n'y a point rencontrées, et qu'on y récolte pourtant.

Quelques-unes de ces variétés sont assez rares, mais d'autres sont relativement communes, et il n'est pas étonnant que l'extension donnée à la recherche des Truffes en ait fait découvrir quelques espèces nouvelles.

Je les indiquerai plus tard, en les désignant sur-tout par les noms vulgaires qu'on leur a attribués et sous lesquels on peut se les procurer plus facilement, dans les localités d'origine, sans négliger pour cela le nom scientifique que les auteurs récents leur ont donné.

Pour moi je suis tellement convaincu qu'une même Truffe ne ressemble pas à elle-même, à deux pério-des éloignées de son évolution, et j'ai constaté un si grand nombre de fois que les conditions de sécheresse ou d'humidité avaient, sur la venue et sur l'aspect physique des Tubéracées, une influence si manifeste, que je me suis abstenu le plus souvent de donner un nom à des espèces qui n'en ont pas reçu encore. Je me suis contenté de les mentionner à la suite des individus auxquels elles ressemblent le plus, en indiquant, par un qualificatif, la différence qui les sépare.

Les caractères des espèces nouvelles étant, d'autre part, décrits aussi exactement que possible et la nature de leurs affinités étant indiquée, d'autres chercheurs pourront facilement les retrouver et les contrôler et un nom pourra leur être attribué quand il sera bien reconnu qu'elles ne sont pas désignées sous des noms employés déjà.

CHAPITRE VI

Table dichotomique pour la détermination des Champignons souterrains et de ceux que l'on rencontre communément mêlés à la
Truffe. — Description de ces Champignons, leur valeur commer-
ciale et comestible, les localités où on les rencontre, leurs noms
scientifiques et vulgaires.

Les tableaux que je viens de donner, en marquant
par quelles affinités les Truffes se relient entre elles,
permettront d'arriver à leur détermination approchée.
La détermination sera complète si l'on possède les
Fungi hypogæi où toutes les espèces sont décrites et
souvent figurées.

Si, par l'emploi du tableau de M. Tulasne et de
M. Quélet, on arrive à un résultat identique, il y aura
les plus grandes chances pour que la détermination
deux fois contrôlée soit la détermination véritable.

J'ai pensé, cependant, qu'une table de détermination ne ferait pas un double emploi avec les tableaux
précédents, et sans m'illusionner sur la valeur de ces
méthodes que les personnes ignorantes du sujet appli-

quent difficilement et que les personnes déjà familia-
risées n'appliquent plus, je me décide à donner ici
une *clef dichotomique* qui permet, avec la détermination d'un grand nombre de Tubéracées, celle des espèces hypogées que l'on rencontre communément
avec elles.

Cette table aura l'avantage de résumer les caractères
des espèces et des variétés et de permettre, quand le
nom du tubercule sera trouvé, de le comparer à la
description plus complète que j'en donnerai ensuite.

1 { Spores renfermées dans des thèques. 2
   { Spores nues sur des basides. 36

2 { Chair parcourue par des veines. 8
   { Chair semée de cavités ou de lacunes sinueuses. . 3

3 { Péridium présentant un mycélium.. 4
   { Ne présentant pas de mycélium. 6

4 { Spores lisses, brunes, mycélium autour du tubercule. 5
   { Spores verruqueuses, incolores, transparentes ; mycélium
     sur la base, au pied. 7

5 { Mycélium verdâtre, sous forme de croûte ; chair bientôt en
     détritus filamenteux. . . . *Elaphomyces Leveillei.*
   { Mycélium noir, sous forme de croûte, chair bientôt en
     détritus filamenteux. . . *Elaphomyces anthracinus.*

6 { Spores elliptiques, grandes, hyalines, remplies de gouttes
     huileuses ; cloisons épaisses . . *Balsamia vulgaris.*
   { Tubercule plus petit ; cloisons très étroites. *Balsamia
     fragiformis.*

7 { Péridium bossué en circonvolutions noires. *Genea verrucosa.*
   { Péridium non bossué. . . . . . . *Genea sphærica.*

8 { Péridium présentant les traces d'un mycélium dont il est
     drapé. 9
   { Péridium ne présentant pas de traces de mycélium. 11

9 { Écorce ayant l'aspect de l'amadou, 6 à 10 spores. . 10
Écorce légèrement chagrinée ; 6 spores au plus. ·
T. rufum très jeune ?

10 { Cortex doublé d'une zone sous-corticale épaisse se colorant au carmin. . . . . . *T. panniferum zonale.*
Cortex non doublé ou zone sous corticale très mince et nulle . . . . *T. panniferum vulgare.*

11 { Péridium lisse. 12
Péridium très verruqueux ou à peine chagriné. . . 14

12 { Spores échinées. 13
Spores alvéolo-réticulées. 30

13 { Veines obscures nombreuses courant parallèlement aux veines blanches. . . . . . . *T. stramineum.*
Pas de veines obscures (d'après Tulasne). *T. Requieni.*

14 { Péridium chagriné. 15
Péridium très verruqueux. 16

15 { Péridium dur, épais ; chair cornée, rougeâtre ; odeur forte. . . . . *T. rufum.*
Péridium plus mince, moins dur ; chair grise ; odeur plus douce. . . . . *T. rufum minus olens.*

16 { Spores échinées. 17
Spores réticulo-alvéolées. 24

17 { Tubercule sans odeur de musc. 18
A odeur très pénétrante de musc. 21

18 { Veine blanche bordée d'une zone pellucide. . . . 19
Non bordée d'une zone pellucide. . . . *T. brumale.*

19 { Toutes les thèques farcies de spores. 20
Le plus grand nombre de thèques vides. . . . . N

20 { Chair à lignes obscures très marquées. 21
Sans lignes obscures. . . . . . *T. melanosporum.*

21 { Verrues fines, frustes, tendres. . . . . . . N° α
Verrues grosses, larges, saillantes. . . . . . N° β

22 { Zone pellucide très marquée, zone aérifère sous-corticale nulle. 23
Zone pellucide nulle, zone aérifère sous-corticale très marquée. . . . . *T. moschatum graveolens.*

23
- Veines blanches, peu serrées, larges. *T. moschatum vulgare.*
- Veines blanches, très fines, serrées, ressemblant à *brumale*, odeur douce . . . . *T. Moschatum suaveolens.*

24
- Lignes obscures, toujours immédiatement apparentes, sur une coupe fraîche. . . . . . *T. mesentericum.*
- Non apparentes au moment de la coupe. 25

25
- Chair brun-suie, jamais à odeur de pétrole. . . . 26
- Chair brun gris, à forte odeur de pétrole. . . . 29

26
- Lignes obscures ne se montrant jamais, même longtemps après la coupe. 27
- Se montrant au bout de quelques heures. . . . 28

27
- Chair jaune brun, quelquefois blanc jaunâtre, si la Truffe est jeune; verrues très fortes. . *T. æstivum* de mai.
- Chair brune, odeur aigre, verrues fortes. *T. æstivum* de novembre.

28
- Chair brun violet, verrues fortes, spores à bords des alvéoles crochus. . . . . . . *T. uncinatum* gros grain.
- Chair brun violet, verrues fines, spores à bords des alvéoles crochus. . . . . . . *T. uncinatum* petit grain.

29
- Spores rondes, plus réticulées qu'alvéolées; sans fosse basilaire. . . . . . . *T. bituminatum sphærosp.*
- Spores ovales, plus réticulées qu'alvéolées; toujours fosse basilaire. . . . . . . *T. bituminatum ellipsosp.*

30
- Chair à lignes obscures. 31
- Chair sans lignes obscures. 32

31
- Excavation basilaire, lignes obscures très marquées chez le *Tuber* mûr . . . . *T. excavatum.*
- Excavation basilaire, lignes noires, masquées et diffuses : *T. excavatum* pas mûr.

32
- Spores rondes, finement alvéolées, péridium blanchâtre : *T. asa.*
- Spores elliptiques. 33

33
- Spores très finement et régulièrement alvéolées; péridium quelquefois légèrement verruqueux. *T. macrosporum.*
- Spores très largement alvéolées. 34

34
- A base subconique. . . . . . . *T. magnatum.*
- Sans base. 35

Gros tubercule. . . . . *T. Borchii.*

35 Petit tubercule, 1 à 2 spores dans la thèque, rarement
plus. . . . . *T. rapœodorum.*

36 Sans péridium ou péridium non séparable. . *Gautieria.*
A péridium. 37

37 Revêtu d'un réseau de filaments sur plusieurs points. 38
Filaments sur la base seule. 42

38 Tubercule dur, chair pulvérulente à la fin. *Scleroderma.*
Tubercule mou élastique. 39

39 Cavités celluleuses du tubercule rondes et pleines. . 40
Cellules à parois diaphanes et vides. 41

40 Spores oblongues, ocellées. . *Melanogaster ambiguus.*
Spores ovales lancéolées, 1-3 yeux. *Melanogaster variegatus.*

41 Péridium jaune olivâtre, épais; spores biocellées. *Rhizopogon luteolus.*
Péridium blanc, mince, puis rose et olivâtre. *Rhizopogon
rubescens.*

42 Péridium jaune, puis brun; spores lancéolées ruguleuses.
Hymenogaster citrinus.
Péridium blanc ou gris, puis brun. 43

43 Péridium blanc, chair jaune; spore lisse, jaune clair:
Hymenogaster luteus.
Péridium blanc, gris ou brunâtre; chair blanche ou
foncée. 44

44 Péridium blanc, chair roux grisâtre, spores citriformes:
Hymenogaster tener.
Péridium gris ou brun. 45

45 Péridium gris 46
Péridium brun, chair brune. 47

46 Spore jaune, fusiforme, verruco-rugueuse. Cavités du
tubercule grandes. . . . . . *H. lycoperdineus.*
Spore brune, lancéolée, gibbeuse. . . . *H. vulgaris.*

47 Spore colorée, lancéolée, suspendue par la pointe. *H muticus.*
Spore jaune, citriforme, ruguleuse, suspendue par la
base. . . . . *H. decorus.*

La table que je viens de dresser n'a pas la prétention de donner des Truffes une classification. Elle se borne à indiquer, en les opposant l'un à l'autre, les caractères qui permettent le mieux d'arriver à une détermination satisfaisante. Elle fera souvent reconnaître une Truffe qui, à des degrés divers de son évolution, semblait constituer, par ses aspects différents, des espèces éloignées.

Une table de détermination, encore qu'elle soit détaillée et complète, a besoin d'être suivie d'une description spéciale de toutes les espèces qu'elle mentionne. Par le mécanisme de sa composition, elle est quelquefois obligée de ne point tenir compte de certains caractères typiques, et les nuances comme les grandes lignes lui échappent assez souvent.

Je vais donc décrire, dans l'ordre même où elles se suivent dans la table, les espèces qu'elle renferme. Si la description pouvait être suivie de figures qui ont l'avantage de faire voir aux yeux ce qu'elle a souvent de la peine à montrer à l'esprit mon travail y gagnerait. Mais je suis limité par la condition même dans laquelle ce livre est écrit, et je dois me borner.

Chaque description a été faite avec le tubercule lui-même sous les yeux; elle a été contrôlée plusieurs fois sur des images photographiques dont la netteté et la fidélité ne laissent rien à désirer, et sur une collection de coupes microscopiques embrassant toutes les espèces connues.

ELAPHOMYCES ANTHRACINUS. — Tubercule globuleux, déprimé, enveloppé d'un mycélium noir surtout à sa base. Voile noir lisse mais dépoli. Péridium à deux couches blanchâtres, dures; cavité remplie de cloisons et de filaments sporangifères bientôt réduits à l'état de *capillitium*. Spore 4 à 8, plus souvent 4, sphériques, brun noir à la maturité; odeur très faible. Je l'ai trouvé abondamment en avril 1884, à Caseneuve-d'Apt, au pied d'un gros Chêne, à 12 centimètres de profondeur, dans un amas de racines. Ces tubercules furent découverts en labourant le sol, puis, avec la main à cette place même, mais jamais avec le chien qui ne les *sentait* pas.

ELAPHOMYCES LEVEILLEI. — Tubercule globuleux souvent déprimé et toujours enveloppé d'un mycélium *verdâtre*. Ses spores sphériques, brunâtres, sont enfermées au nombre de 6 à 8 dans des sporanges contenus dans un péridium dur et subligneux. Ces deux espèces, assez rares, n'ont pas reçu ici de nom vulgaire particulier sous lequel on les puisse demander.

Vient particulièrement dans les bois de Châtaigniers, dans une dépression du sol, sous les feuilles.

BALSAMIA VULGARIS. — Grosseur moyenne d'une noix, jaune rougeâtre, plus ou moins arrondi, mais à surface sillonnée et inégale. Péridium papilleux, les papilles plus colorées que le fond; base assez marquée, sans excavation; intérieur creusé de cavités labyrinthiques tapissées par l'hyménium. Chair blanche, odorante, un peu huileuse, de consistance molle très déliquescente, surtout par la chaleur. Veine obscure très apparente courant au centre des cloisons; thèques allongées contenant des spores hyalines sphéro-cylindriques, au nombre de 8, avec trois gouttelettes huileuses dans leur intérieur. On le trouve en quantités souvent considérables dans les truffières jeunes qui n'ont pas encore porté de bonnes Truffes, il vient à peu de profondeur du sol, assez loin des arbres. Odeur forte, saveur désagréable.

Je l'ai récolté abondamment dans les truffières en préparation. On le désigne en Provence sous le nom de *Nez-de-chien jaune* et en provençal sous ceux de *Mourré dé chin jaouné, Rabasso blancan, Blancan, Blancas, Bazan, Bazan blanc, Patto dé chin. (Environs d'Apt, Aven des Martins,* où je l'ai trouvé sous le nom de *Naz dé chin rougé.)*

Diamètre des spores : 0μ,028 à 0μ,011 [1].

BALSAMIA FRAGIFORMIS. — Petit, en forme de fraise, un peu plus rouge que le précédent; voile mince, fait de petites verrues très serrées, poilues par places; cavités intérieures très étroites; à paroi transparente. Odeur et saveur désagréables.

Diamètre des spores : 0μ,018 à 0μ,011.

[1] μ désigne le millimètre.

Genea verrucosa. — D'un pois chiche à une noix, noir ou brun, arrondi et formé de circonvolutions cérébriformes ayant pour centre d'implantation la base du tubercule; base munie d'une houppe de mycélium brun roussâtre à filaments longs et rugueux manquant sur la figure. Péridium très finement verruqueux ou fortement papilleux; intérieur creusé de cavités larges, communiquant entre elles, et s'ouvrant dans l'hiatus central qui les fait communiquer avec l'air extérieur, au sommet du tubercule (fig. 12).

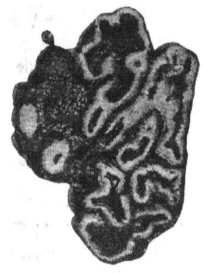

Fig. 12. — *Genea verrucosa*, verrues et lacunes ouvertes.

Intérieur des cavités tapissées par le péridium recouvrant l'hyménium; thèques longues contenant à la suite l'une de l'autre des spores hyalines, verruqueuses, presque rondes, paraissant aplaties et montrant quelquefois un hile. La figure 9 indique son mode de formation. Chair blanche à odeur désagréable et *sui generis*, à saveur forte.

Se trouve dans tous les terrains boisés de Chênes, en petite quantité et en tout temps. Je l'ai récolté de juillet à décembre. M. de Bosredon me l'a envoyé de Terrasson en juin 1887.

Il n'est pas rare et on le rencontre quelquefois dans les Truffes de rebut apportées sur le marché.

On le désigne en Provence sous les noms de *petit Nez-de-chien noir*, *petit Museau-de-chien noir*, *Oreille*, *Oreillette*, *Oreille-de-chat*, et en provençal sous ceux de *pichot Mourré dé chin négré*, *pichot Naz dé chin négré*, *Bouffareou*, parce qu'il paraît soufflé, *Naz dé chin bouissan*, *Boussario*, *Aureio*, *Aurietto dé cat*... Chacun lui donne en somme une dénomination particulière, variant d'une localité à l'autre, et il est difficile de se reconnaître au milieu de ces appellations.

Diamètre des spores : 0µ,026 à 0µ,030.

GENEA SPHÆRICA. — Diffère du précédent par son péridium sphérique non silloné de circonvolutions cérébriformes et finement verruqueux. Son mycélium est épais et fourni.

Diamètre des spores : 0µ,024 à 0µ,029.

Les *Balsamia* et les *Genea* appartiennent à la famille des *Hyménangiées*.

TUBER RUFUM. —- D'une noisette à une grosse noix, noir roux ou brun foncé, ordinairement rond, égal, quelquefois crevassé et laissant voir par les fentes la couleur blanche de la couche sous-jacente. Péridium dur, noir brun ou rougeâtre, chagriné comme le bout du museau d'un chien et présentant plusieurs couches concentriques, dont une contient de l'air. Souvent une fossette basilaire. Chair rougeâtre, café au lait, odorante, cornée, parcourue de veines blanches et de lignes obscures ; thèques longuement piriformes, contenant de 4 à 6 spores ovales, hérissées de pointes courtes leur donnant l'air verruqueux. Ces spores sont brun clair et translucides.

Se trouve en grande quantité, suivant les années, dans les truffières en préparation et dans celles en plein rapport. Je l'ai reçu de Bagnols, Pont-Saint-Esprit, Bourg-Saint-Andéol, Périgueux, Chaumont, sous le nom de Truffe rouge ou rousse. En Provence, c'est encore sous la vocable de *Nez-de-chien* qu'on le désigne ; il fait partie de la catégorie des Truffes dites sauvages.

En provençal, il est connu sous les noms de *gros Mourré dé chin*, *gros Naz dé chin*, d'une manière générale ; puis, suivant les localités, on l'appelle *Oungloun*, à Saint-Saturnin et à Croagnes, — *Manin* et *Rabasso manino*, à Villars, — *Lissa* ou *Lissado*, à Saint-Martin de Castillon, à cause de son aspect lisse, — *Tabouré* dans d'autres lieux, — *Naz dé chin rougé* un peu partout, et dans quelques quartiers, *Sentoun*, à cause de son odeur forte spéciale.

Il vient presque en toute saison, mais principalement de septembre à avril, dans tous les terrains truffiers à peu de profondeur du sol, et dans le périmètre des arbres très jeunes ; son péridium est quelquefois revêtu de villosités que M. Tulasne a signalées.

Le *rufum* mûr offre deux variétés différant entre elles par l'aspect de leur chair et celle de leur péridium, Chez l'une, le péridium fort, chagriné, est brun noir ; chez l'autre, le péridium est finement chagriné, rougeâtre et presque lisse ; la chair en est café au lait, au lieu d'être rougeâtre ; l'odeur en est aussi différente, et, comme ce caractère est surtout frappant, j'ai fait du *rufum* deux variétés, le *graveolens* et le *minus olens*. Ces deux appellations auront l'avantage de ne donner qu'une qualification différentielle à deux espèces rapprochées, sans atteindre le nom générique de *rufum* qui les réunit.

$$\text{Diamètre des spores} \begin{cases} 0\mu,025 \text{ à } 0\mu,027. \\ 0\mu,022 \text{ à } 0\mu,026. \end{cases}$$

Le *Tuber cinereum* n'en est sans doute qu'une variété, d'où le nom de Truffe *grise* qu'il a reçu maintes fois.

Le *rufum* est mangé par quelques paysans, mais il n'est pas classé parmi les espèces comestibles. Son odeur, la dureté de sa chair, *inimica dentibus*, suivant M. Quélet, le font repousser avec raison de la consommation.

Le *T. stramineum* et le *T. Requieni* se rapprochent assez du *rufum* pour que je les décrive avant leur tour dans l'ordre du tableau.

Nous avons donné, M. le Dr Quélet et moi, le

nom de *stramineum* à un tubercule dont la grosseur va d'une petite noisette à une grosse noix et dont la surface de couleur semblable à celle d'une petite pomme de terre jaune est parsemée de taches rouges foncées. Son péridium, tout à fait lisse et poli, est formé de trois couches comme le *rufum*. Sa chair est plus blanche ; elle est parcourue par des veines blanches suivies dans leurs nombreux contours, avec une régularité et un parallélisme parfait, de lignes obscures nombreuses et fines. Les hyphes de ce *Tuber* examinés au microscope sont plus *moniliformes* que les hyphes du *rufum ;* leurs thèques et leurs spores ne diffèrent pas sensiblement entre elles.

M. le Dr Quélet, à qui j'avais donné cette espèce en la confondant avec le *Requieni* a bien voulu y voir une espèce non décrite encore ; puis des fragments d'échantillons de *Requieni* envoyés du Muséum nous ont longtemps fait hésiter. Mais M. Tulasne ayant constaté sur le *Requieni* l'absence de lignes obscures dont le *stramineum* est au contraire un très bel exemple, nous avons maintenu le nom de *T. strammeum* à la variété que je viens de mentionner.

Diamètre des spores $\begin{cases} 0\mu,022 \text{ à } 0\mu,226 \\ 0\mu,026 \text{ à } 0\mu,018. \end{cases}$

T. REQUIENI. — Du nom de mon compatriote le botaniste Requien ; diffère du précédent, d'après M. Tulasne, par l'absence des lignes obscures. Cette vérification est difficile à faire, car le *T. Requieni* n'a peut-être été trouvé qu'une fois. Les recherches que j'ai faites à son sujet, au musée Requien d'Avignon, ne m'ont point permis d'en retrouver un seul échantillon.

Suivant M. Tulasne ses sporanges *ovées* contiendraient de 2 à 3 spores.

Diamètre des spores $\begin{cases} 0\mu,023 \text{ à } 0\mu,026. \\ 0\mu,016 \text{ à } 0\mu,019. \end{cases}$

T. PANNIFERUM. — D'une noisette à une forte noix; couleur brun foncé; globuleux-arrondi, souvent partagé par un ou deux sillons; fosse basilaire apparente, entrant profondément · quelquefois dans le tubercule. Péridium enveloppé, drapé d'une couche duveteuse semblable à de l'amadou. Chair grise légèrement jaunâtre ou verdâtre, odorante, cornée, mais moins dure que celle du *rufum*, parcourue par des veines blanches et des lignes obscures souvent bien apparentes, quelquefois assez vagues. Thèques rondes, spores rondes ovales, brun clair, translucides, hérissées de pointes aiguës et courtes, contenues au nombre de 6 à 8 dans les sporanges.

Habite dans les truffières naturelles ou artificielles, mais il est assez rare. Rarement aussi on le rencontre, sur les marchés, mélangé aux bonnes Truffes. Les truffiers ne lui donnent pas de nom particulier et le désignent aussi sous le nom de *Nez-de-chien*. L'un d'eux me l'a apporté en quantités considérables de la ferme des Gavagnols, dans la montagne de

Saint-Saturnin-lez-Apt. Le gisement est situé sous un mur au-dessus duquel sont plantés des Chênes verts. J'y en ai recueilli beaucoup; le fermier me les désignait, en provençal, sous le nom de *Manin blanc;* ils étaient au voisinage des radicelles.

En examinant ce *Tuber* au microscope, on s'aperçoit que le péridium présente, suivant l'espèce, une zone très apparente, fixant énergiquement le carmin et située immédiatement au-dessous de l'écorce; d'autres espèces ne possèdent pas cette zone, dont la direction des fibres est dans un sens parallèle au cortex lui-même. J'ai appelé *panniferum zonale* ceux qui la présentent, laissant le nom de *panniferum vulgare* aux autres espèces.

Diamètre des spores $\begin{cases} 0\mu,023 \text{ à } 0\mu,026 \\ 0\mu,019 \text{ à } 0\mu,023 \end{cases}$ rarement $0\mu,032$.

Le *rufum,* le *stramineum,* constituent des espèces à péridium dur, à chair cornée et dure quand elle est desséchée. Le *panniferum* s'en rapproche beaucoup et as plus qu'eux il n'est comestible : les truffiers laissent manger par leurs laies ou leurs chiens ceux de ces tubercules que ces animaux creusent quelquefois au mieu des autres, mais ils se gardent de les mélanger aux truffes marchandes destinées aux acheteurs sérieux.

Tandis que les espèces précédentes sont comprises encore dans la catégorie des *fausses Truffes* et des Truffes *sauvages,* c'est-à-dire de celles que l'on ne mange pas, nous allons entrer en plein, avec le *T. brumale,* dans la série des Truffes réellement comestibles.

T. BRUMALE. — De la grosseur d'une noix à celle du poing, quelquefois davantage. Péridium de couleur brune et noire à la maturité, rougeâtre à la période de formation et d'accroissement, ce qui lui a fait donner, quand on le rencontre en août, le nom de *Truffe rougeotte*. En novembre son péridium devenu noir est verruqueux. Les verrues, assez fortes, sont peu proéminentes, penta- ou hexagonales, larges à la base de 2 à 3 millimètres, déprimées au centre et marquées d'un sillon sans stries transversales. Le centre des verrues retient quelquefois un peu de mycélium, sous forme de trame extrêmement ténue.

La surface du tubercule, arrondie généralement, est souvent bossuée en raison de la résistance trop considérable du terrain argileux ou pierreux dans lequel il vient. Chair blanche d'abord, puis gris cendré, violette et brune, à odeur très agréable. Veines blanches fines ne prenant jamais une teinte aussi rouillée que *T. melanosporum*. Quelquefois des lignes osbcures, mais toujours très peu marquées à la vue directe, se montrent au sein de la pulpe fructifère, mais par places seulement, et jamais sur toute l'étendue de la coupe.

Les veines blanches ne sont jamais *bordées de la zone pellucide*, et c'est surtout ce qui le distingue de la mélanospore. Par suite, la disposition des sporanges est différente aussi. Elles farcissent toute la zone fertile, sans être parquées en quelque sorte par la zone claire comme celles de *melanosporum*, et c'est encore un caractère de différenciation.

Les thèques, presque sphériques, contiennent 4 à 6 spores ovales, brunes, n'arrivant que très rarement à la couleur de la mélanospore et restant presque toujours *translucides*. Ces spores sont aussi plus égales entre elles et sont hérissées de pointes aiguës et libres.

Cette espèce habite toutes les truffières naturelles et artificielles. C'est elle qui fait, avec la mélanospore, sous le nom de *Truffe noire*, la base de toute la production (fig. 14 et 15).

La haute Provence, la Drôme, l'Ardèche, le Périgord, le Poitou, le Lot, la produisent en abondance. Elle est rare dans le Nord. J'en ai cependant reçu de Chaumont en 1884 un échantillon authentique et frais qui me fut envoyé sous le nom de *Truffe violette*.

Comme le *melanosporum*, elle se forme de fin avril à fin août et se récolte de novembre à avril. D'avril à août elle est fort difficile à récolter, et c'est seulement en fouillant *à la main* les places réputées truffières qu'on peut en rencontrer quelques-unes. Vers la fin d'août, on les trouve plus facilement à la *marque*, ainsi que je l'indiquerai plus loin.

Les truffiers, qui ne distinguent pas la brumale de la mélanospore, les confondent toutes les deux sous le nom provençal de *Rabasso*. Elle est décrite par les auteurs sous ceux de *T. brumale*, *T. cibarium*, etc.

D'après M. Tulasne, cette Truffe, que les Lombards appelleraient *Tartufo nostrale di Norcia* et encore

Stobbiengo, serait, à Nérac, la *Truffo pudento* et pour d'autres pays la *Truffe punaise* et la *Truffe fourmi*.

Je suis porté à croire que sous ces noms de *Truffe puante* de *Truffe punaise* et de *Truffe fourmi* ce n'est pas la brumale qui est en cause, mais une variété très voisine que M. H. Bonnet a décrite, en 1869, sous le

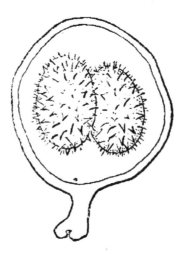

FIG 13. — Sporange de mélanospore avec ses spores hérissées de pointes. Grossis 540.

nom de *T. moschatum*, et dont je persiste à faire, à mon tour, une espèce également distincte de brumale et de mélanospore.

Diamètre des spores de brumale $\begin{cases} 0\mu,026 \text{ à } 0\mu,032. \\ 0\mu,019 \text{ à } 0\mu,023. \end{cases}$

T. MELANOSPORUM. — D'une noisette à celle du pòing et au delà, noir foncé, rond, plus ou moins bossué suivant la nature du terrain qui le produit. Péridium noir verruqueux, à verrues polygonales; sans fosse basilaire.

FIG. 14. — Truffe noire mélanospore du Périgord, verrues.

FIG. 15. — Truffe noire mélanospore du Périgord, coupe.

Chair jeune blanche, puis gris cendré, puis noir violet. Veines blanches devenant par la suite de couleur rouillée et bordées d'une large *zone pellucide*;

lignes obscures nulles ou très peu marquées, en tout cas difficilement appréciables à la vue directe.

Thèques ovales ; spores ovales, noires, hérissées de pointes aiguës, libres et implantées de telle sorte que le point d'implantation, examiné au microscope, ne paraît pas rond ; non *translucides* quand elles sont mûres ; de 4 à 6 dans chaque thèque.

Très répandu dans la haute Provence, il y forme avec *T. brumale* la base du commerce des Truffes comestibles. C'est surtout dans les montagnes de Saint-Saturnin, à Croagnes, dans le Périgord qu'il vient et qu'il développe toutes ses qualités. C'est la Truffe du soleil, elle aime les côteaux exposés au midi ; les truffières artificielles la produisent en très grande abondance.

Elle est connue sous le nom générique de *Truffe noire*, en français ; de *Rabasso*, en provençal ; de *Truffo* ou de *Truffas*, dans le patois du Périgord.

Les auteurs l'ont décrite sous le nom de *T. melanosporum, melanospermum, cibarium.*

Diamètre des spores $\begin{cases} 0\mu,029 \text{ à } 0\mu,035. \\ 0\mu,022 \text{ à } 0\mu,026. \end{cases}$

A côté de la mélanospore, on récolte plusieurs variétés de Truffes lui ressemblant par la chair et ayant un arome plus prononcé encore. Pour ne pas jeter du trouble dans la nomenclature, déjà fort embrouillée, je n'ai pas cru devoir leur donner un nom nouveau. Je me suis borné à les placer à côté du *T. melanosporum*, en faisant ressortir les caractères qui les différencient et les essences au pied desquelles on les rencontre d'ordinaire.

T. N. — On rencontre habituellement, au pied des Noisetiers, au pied de quelques Chênes, une Truffe très parfumée et jouissant de propriétés comestibles très recherchées. On n'est pas peu surpris, quand on pratique sur une de ces Truffes une coupe très fine, de n'y point rencontrer de spores ou d'en apercevoir quelques-unes seulement au milieu de nombreux sporanges vides, implantés sur une ligne foncée, couleur de rouille, formant l'axe de la pulpe fructifère.

La pulpe couleur palissandre, les veines blanches rouillées, quelques spores à couleur noire et échinées, ne laissent pas de doute sur la nature de cette Truffe, et sur la place qu'il convient de lui attribuer à côté de la mélanospore. Peut-être n'est-elle qu'une variété plus jeune des espèces N° α, N° β, décrites ci-dessous. Je l'ai rencontrée en abondance dans les truffières de Noisetiers de Notre-Dame-de-Clermont, près d'Apt, et son parfum est exquis.

On rencontre quelquefois, sous les Pins, des tubercules qui se rapprochent aussi beaucoup des Truffes *mélanospores*. Leur péridium verruqueux est noir, leurs verrues sont larges et plates, et le tubercule a tout à fait l'aspect d'un fruit de Cyprès. La chair de cette Truffe *cupressiforme* se rapproche beaucoup de celle du *melanosporum;* elle possède une large *zone pellucide* accompagnant sa veine blanche, et aussi des lignes obscures que l'on voit plus claires par transparence.

C'est la Truffe que j'ai mentionnée dans ma table sous la rubrique N° β, après le *melanosporum*.

Le *T.* N° α a des verrues très fines et tendres se laissant facilement dépouiller de leur écorce noire quand on les frotte avec le doigt. La *zone pellucide* de cette Truffe est très marquée et elle possède aussi des lignes obscures. Mais son caractère le plus marquant lui vient de l'inégalité de ses spores dont les unes atteignent facilement jusqu'au double des autres. Elles sont oblongues et bien échinées.

Je me suis procuré cette Truffe, dont le parfum est très pénétrant, piquant et empyreumatique, dans les truffières de la montagne de Saint-Saturnin-lez-Apt, quartier de *Romané*. Ce parfum se développe bien avant la maturité et même la formation des spores. A ce point de vue, cette Truffe a des analogies avec le *T.* N, du Noisetier que j'ai décrit tout à l'heure.

Diamètre des spores
$\begin{cases} 0\mu,030 \text{ à } 0\mu,050. \\ 0\mu,018 \text{ à } 0\mu,032. \end{cases}$

T. MOSCHATUM. — Les musquées viennent immédiatement à la suite des Truffes précédentes, auxquelles elles ressemblent beaucoup par la forme de leurs spores, mais dont elles diffèrent tout à fait par l'odeur et la couleur de leur chair. Le *moschatum* est de la grosseur d'une noisette à celle d'un œuf de poule, qu'il n'atteint que rarement. Sa forme est généralement arrondie, quelquefois bossuée ; son péridium est noir, parsemé de verrues offrant une forme très particulière : elles sont petites, polygonales, ne font pas de saillie et ont une cavité à la pointe. Cette disposition fait ressembler la coupe d'une verrue à une accolade à contours arrondis ∽. Le péridium est assez ferme, mais il ne tient pas à la couche sous-jacente et il s'en détache facilement par le lavage à la brosse. Cette particularité suffirait à elle seule, pour faire reconnaître cette Tubéracée parmi les bonnes espèces auxquelles elle se trouve quelquefois mêlée, chez les fabricants de conserves.

La chair est ferme, de couleur blanche d'abord, puis gris cendré et brun gris à la maturité. Elle est parcourue par des veines blanches, larges, peu nombreuses. arborescentes, à terminaison gangliforme. Mais ce qui distingue surtout cette Tubéracée de la brumale et de la mélanospore, c'est son odeur très forte et très pénétrante rappelant le musc.

Cette odeur la fait repousser par le commerce, et c'est surtout contre cette Truffe que se défendent les acheteurs et les courtiers, car les truffiers essayent de la vendre en la faisant passer dans leurs lots. Un œil exercé peut quelquefois la reconnaître à sa couleur plus noire, mais c'est un indice trompeur, et, bien plus, ainsi que j'ai pu m'en rendre compte, beaucoup de *rabassiers* n'ont pas le sens de l'odorat assez fin pour en percevoir exactement l'odeur.

C'est en soulevant un petit fragment de péridium avec l'ongle que l'on tranche immédiatement la question de son identité. La chair apparaît grise, sans *le reflet rougeâtre* que donne à la couche sous-jacente le péridium de la mélanospore et de la brumale : c'est l'affaire d'une seconde, et la confusion de la musquée avec les espèces comestibles n'est plus possible.

Entre les veines blanches du *moschatum* court une ligne obscure, souvent assez marquée, appréciable surtout quand on regarde une coupe mince par transparence, en obliquant la lumière. Un grossissement de 15 à 20 fois permet d'obtenir plus sûrement ce résultat.

Une zone pellucide très marquée suit également tous les contours de la veine blanche chez une espèce de *moschatum*. Les spores ovales, plus régulières que celles de la mélanospore, hérissées de pointes, de couleur brun clair, toujours translucides, sont enfermées au nombre de 3 à 5, mais le plus souvent de 5 dans des sporanges ovales presque sphériques. Les points d'implantation des piquants sur les spores forment des *ronds*.

Cette Truffe vient dans toutes les truffières naturelles et artificielles. Elle est assez souvent munie d'une excavation basilaire, mais sa présence n'a rien de constant.

Elle affectionne certains quartiers, certaines terres, et il est fort curieux, quand on suit les marchés, de constater que ce sont presque toujours les mêmes rabassiers qui l'apportent. Elle vient un peu plus tard que la brumale et la mélanospore, fin décembre ; elle disparaît un peu plus tôt, fin février, premiers jours

de mars. Aux environs d'Apt, elle se trouve particulièrement dans la plaine de Sylla, dans la montagne de
Saint-Saturnin; à Villars et Viens; à Vachères pour
les Basses-Alpes.

On la connaît, sur le marché d'Apt, sous le nom
Caillette et en provençal *Caietto, Caieou, Caié, Mus-
cado, Muscadèlo;* sur le marché de Carpentras, sous le
nom de *Truffe forte;* un peu partout, elle fait partie du
groupe des *Truffes sauvages.* Je l'ai reçue une fois de
Chaumont où elle est très rare.

Elle est relativement rare aussi en Provence, si on
la compare à la brumale et à la mélanospore pour
l'abondance: c'est une des raisons qui me font repous-
sur son assimilation avec ces espèces. Il y a une autre
raison, c'est l'extrême sensibilité de cette Truffe à des
réactions histologiques auxquelles les autres se prêtent
infiniment moins et qui permettent de l'étudier à fond.

Le *moschatum* ordinaire que je viens de décrire et
que j'appellerai le *moschatum vulgare*, est parfaitement
reconnaissable aux nombreux caractères que je viens
de décrire. En 1882, j'en ai trouvé deux échantillons
si particuliers qu'à leur péridium fendillé et à peine
chagriné j'allais les prendre pour deux *rufum;* l'odeur
et la chair étaient celles du *moschatum*, mais l'odeur
était plus pénétrante et la veine de la chair plus serrée.
Examinées au miscroscope, ces deux Truffes me pré-
sentèrent cette particularité remarquable qu'elles
n'avaient point de *zone pellucide* et qu'elles *possédaient* sous leur cortex une zone aérifère continue,

enveloppant toute la *gleba* et communiquant largement avec les veines blanches.

Me fondant sur le caractère de l'odeur, j'ai désigné cette Truffe, que je n'ai plus rencontrée, sous le nom de *Moschatum graveolens*.

Diamètre des spores
$\begin{cases} 0\mu,027 \text{ à } 0\mu,036. \\ 0\mu,018 \text{ à } 0\mu,022. \end{cases}$

Le *suaveolens* se présente avec ce caractère particulier que sa chair affecte, par ses marbrures, les dispositions de celles de la brumale. Son odeur plus douce m'a fait donner à cette variété de *musquée* le nom de *suaveolens*.

Une variété de *Tuber* rappelle la *moschatum*, par sa chair grise et l'absence d'odeur musquée. Y aurait-il entre cette variété et le *T. hiemalbum* de M. Châtin une confusion ou une parenté? Je ne suis pas en mesure de le dire, car je n'ai jamais eu, entre les mains, un *hiemalbum* authentique et qui pût me servir de point de comparaison.

Les musquées, pour leur odeur forte, sont repoussées par le commerce. Je sais pourtant qu'on les mange, bien qu'elles communiquent aux apprêts, dans lesquels on les introduit, une saveur des moins engageantes.

Diamètre des spores
$\begin{cases} 0\mu,025 \text{ à } 0\mu,032. \\ 0\mu,022 \text{ à } 0\mu,025. \end{cases}$

Celles du *graveolens* sont un peu plus inégales.
Les Tubéracées à spores recouvertes d'alvéoles, dont

il va être question, renferment des espèces comestibles :
ce sont les Truffes à grosses verrues. Ces Truffes sont
bien loin de posséder les qualités de parfum et de goût
qui font rechercher la brumale et la mélanospore, et
le commerce dont elles étaient l'objet, avant l'industrie des conserves, est bien loin d'être aujourd'hui ce
qu'il était autrefois.

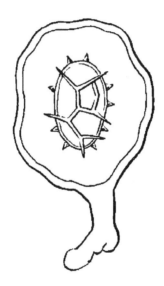

Fig. 16. — Spore alvéolée d'*æstivum*, grossie 540 fois.

T. ÆSTIVUM. — Cette Tubéracée type, et que, pour
cette raison, je dois décrire en première ligne parmi
les réticulo-alvéolées, est de la grosseur d'une noisette
à celle d'un gros œuf de poule. Sa forme est généralement arrondie, et sa couleur noire. L'*æstivum* se
distingue immédiatement par la saillie, la grosseur et
la rudesse des verrues qui recouvrent son péridium.
Les marchands se contentent le plus souvent, pour

résoudre la question de son identité, de le serrer fortement dans la main. La résistance des verrues, leur
pénétration dans la main qui les presse, tranchent le
cas. Ces verrues forment des pyramides à base large,
puisqu'elles mesurent de 4 à 7 millimètres pour un
côté et qu'elles ont de 5 à 7 pans. Ces verrues sont
séparées par des vallées profondes ; leurs faces le
sont par des arêtes vives, des crêtes aiguës, et souvent
des fentes ou une dépression marquent leur sommet
(fig. 4).

La chair, blanc jaunâtre d'abord, devient plus foncée
avec le temps. Elle arrive, à l'époque de l'extrême maturité, à être d'une couleur brunâtre teintée de suie.

Son odeur rappelle un peu celle des bergeries, mais
en somme n'a rien de désagréable.

Des veines blanches nombreuses et serrées (fig. 5)
circonscrivent la pulpe fructifère au sein de laquelle on
n'aperçoit pas, à l'œil nu, de veine obscure que la lumière oblique et la microscope semblent pourtant
révéler. Quant à la zone pellucide elle existe chez
quelques sujets jeunes, mais elle tend à se rétrécir et
même à disparaître, à mesure que le *Tuber* arrive à la
maturité.

Les spores légèrement ovales sont renfermées, au
nombre de 4 à 6, dans des sporanges subsphériques
fortement attachés, par des pédicelles renflés, aux filaments qui les supportent. Elles sont de couleur jaune-
brun clair, translucides, et présentent des alvéoles toujours irrégulières et souvent incomplètes.

L'*æstivum* affectione des localités particulières, et c'est en montagne, dans les hétrées et en général sous le Chêne rouvre, qu'on le rencontre sur les pentes ou les plateaux élevés de la haute Provence et dans le nord de la France.

Dans la région d'Apt, les forêts de Murs m'en ont fourni des échantillons très nombreux. Je l'ai reçue du Var, de la Dordogne, par l'intermédiaire de M. de Bosredon, de la Drôme et du Gard.

L'*æstivum* se forme de fin novembre à fin avril, et se récolte de fin avril à fin juin : c'est pour cette raison qu'on lui a donné le nom de Truffe d'été. Sa maturité est cependant plus tardive, et ce n'est guère qu'en octobre qu'on récolte des échantillons tout à fait mûrs.

On le connaît en Provence sous le nom de Truffe de mai et de là son nom provençal de *Maïen* ou de *Maïenco*. Dans le patois du Périgord on l'appelle aussi *Maienco* quand on le récolte en mai, ou *Jouanenco* quand on le trouve en juin. De là aussi les noms de *Truffe de la Saint-Jean* du Poitou, de *Truffe blanche d'été*, etc. ; en Dauphiné, on l'appellerait *Messingeone* d'après M. Chatin, et dans les environs de Paris et en Bourgogne, *Truffe gros grain*, *Truffe petit grain*, suivant la dimension de ses verrues. En Italie, ce serait la *Tartufo nostrale* et la *Maggendo*. Enfin les auteurs l'ont décrite sous les noms d'*æstivum*, Vitt. et Tulas. ; *albidum*, Fries ; *cibarium*, Sowerb.

Diamètre des spores $\begin{cases} 0\mu,025 \text{ à } 0\mu,032. \\ 0\mu,022 \text{ à } 0\mu,025. \end{cases}$

En novembre, l'*œstivum* très *mûr* et de couleur *noir-suie* prend une odeur de beurre aigri, sans que la dimension de ses spores et la disposition des alvéoles soient changées.

T. MESENTERICUM. — Ce *Tuber* est voisin du précédent et il est assez commun dans le département de Vaucluse. Il est en général de la grosseur d'une noisette à celle d'une noix, de couleur noire et de forme arrondie, et présente une excavation basilaire très marquée. Son péridium est recouvert de verrues, le plus souvent pentagonales, moins grosses et moins saillantes que celles de l'*œstivum*, mais c'est là un caractère sur lequel il importe, je crois, de faire des réserves. Ce péridium recouvre une chair blanc jaunâtre, semblable à celle de l'*œstivum* et parcourue comme elle de veines blanches serrées. Mais, dans la pulpe fructifère, *courent des lignes obscures, nombreuses, continues, toujours visibles à l'œil nu sur une coupe récente*, et c'est à mon avis le caractère différentiel le plus important.

L'odeur de la pulpe rappelle celle de l'*œstivum* et les deux Tubéracées ont la même valeur alimentaire.

Les spores, enfermées au nombre de 4 à 6 dans des thèques ellipsoïdes fortement attachées aussi, sont jaune-brun clair, translucides, irrégulièrement alvéolées, mais légèrement plus grosses que celles de l'*œstivum*.

Le *mesentericum* vient dans les mêmes lieux et recherche les mêmes conditions d'habitat que l'*æstivum*; je l'ai récolté à Murs, à Lagarde près d'Apt; il vient dans la même saison que l'*æstivum* avec lequel les truffiers le confondent absolument.

Diamètre des spores $\begin{cases} 0\mu,032 \text{ à } 0\mu,038. \\ 0\mu,025 \text{ à } 0\mu,031. \end{cases}$

La mésentérique a été décrite sous le nom de *mesentericum* par Vittadini et Tulasne. Elle est appelée *Truffe grosse fouine* et *petite fouine* en Bourgogne et dans l'Ile-de-France, *Samaroquo* chez les *Condomois*, et Corda ne lui a point épargné non plus le nom de *cibarium*, rencontré déjà si souvent.

Les Truffes de Bourgogne présentent avec l'*æstivum* une très grande analogie. Je ne pense point cependant que cette analogie autorise à les confondre. Non seulement on ne les récolte pas dans le même temps, puisque la saison des Truffes en Bourgogne est de fin octobre à fin décembre, mais encore l'examen microscopique y révèle des particularités qui les différencient. Aussi leur conserverai-je le nom de *T. uncinatum* sous lequel M. Chatin les a désignées et décrites.

T. UNCINATUM. — D'une petite noix à un œuf de poule, couleur noire, forme arrondie et ordinairement régulière; verrues très fortes, très saillantes, quelquefois assez petites, recouvrant une chair d'abord blanche, puis grise, puis brun gris, à odeur un peu différente de celle de l'*æstivum*.

Cette chair est parcourue par des veines blanches, tantôt serrées, tantôt lâches, au milieu desquelles on voit confusément et par places à l'œil nu, serpenter quelques lignes obscures que la photographie d'une coupe révèle de la façon la plus nette.

Les sporanges se présentent en masse pressée dans la pulpe fructifère que ne borne *aucune zone pellucide*, et les spores plus rondes, plus petites, à alvéoles plus régulières et mieux fermées me semblent différencier complètement cette espèce de l'*æstivum*. Deux coupes étudiées simultanément ne peuvent pas d'ailleurs être confondues.

Ces alvéoles sont, comme celles des *æstivum*, terminées à leurs angles par des piquants, ici plus allongés et fortement *crochus*. C'est ce caractère qui a fait donner à cette espèce de Tubéracée le nom de T. UNCINATUM.

Ces tubercules à *gros* et à *petits grains*, c'est-à-dire à grosses et à petites verrues, m'ont été envoyés en grand nombre de Chaumont par M. Grimblot, conservateur des forêts ; elles sont récoltées dans les forêts de la région, au pied des Hêtres, des Chênes blancs et des Charmes.

Dimension des spores $\begin{cases} 0\mu,025 \text{ à } 0\mu,028. \\ 0\mu,023 \text{ à } 0\mu,024. \end{cases}$

Une autre Truffe m'avait été envoyée de Chaumont par M. Grimblot ; elle venait de la forêt de Corgebin.

Cette Truffe petite, munie d'une fosse basilaire profonde, et à laquelle j'avais donné le nom de M. Grimblot, n'était autre que le *T. bituminatum* de Berkéley et de Broome. Son étude me permit de la rapprocher d'abord d'une variété que l'on rencontre en Provence et plus tard de l'y trouver elle-même. Je décrirai ces deux *Tuber* sous le nom de *bituminatum* en les différenciant par la forme de leurs spores.

T. BITUMINATUM SPHÆROSPORUM. — Tubéracée assez rare, du volume d'une noisette à celui d'une noix, rarement plus grosse, et le plus souvent d'une forme irrégulière. Péridium noir à verrues petites, aplaties, n'ayant pas la saillie des mésentériques, presque toutes effacées et frustes ; chair grisâtre, à odeur empyreumatique de goudron ou de pétrole ; veines blanches, très serrées ; sans lignes obscures visibles à l'œil nu, mais dont les linéaments sont cependant perceptibles au microscope, en obliquant la lumière.

Les thèques légèrement elliptiques renferment des spores *sphériques*, brunes, parcourues par un *réticule* très fin, et plus *réticulées* qu'*alvéolées*.

J'ai trouvé cette Tubéracée dans la région d'Apt, à *Buoux*, où je l'ai récoltée en avril 1875 en compagnie de M. Planchon, de Montpellier. Je l'ai rencontrée ensuite aux Agnels, puis à Auribeau ; les truffiers la désignent sous le nom provençal de *Pebra* (poivré), M. H. Bonnet l'a décrite je crois sous le nom de *piperatum*, traduisant l'expression provençale. Sa parenté avec celle de Berkeley et Broome me fait préférer le nom de *bituminatum* suivi d'une qualification différente.

Diamètre des spores : $0\mu,028$ à $0\mu,035$.

T. BITUMINATUM (de Berk. et Broome), BITUMINATUM ELLIPSOSPORUM. — D'une noisette à une petite noix, bien arrondi, noir, à verrues petites, mais plus régulières, mieux formées et plus saillantes que celles du *sphærosporum*.

Fossette basilaire, profonde, constante, ronde, ovale ou *en forme de fente*. Chair grise, puis plus brune, à veines blanches serrées et à lignes obscures à peine perceptibles ; odeur empyreumatique de goudron et de pétrole, un peu moins marquée que chez le précédent, mais toujours très prononcée. Spores *elliptiques* finement *réticulées* et, comme celles du *sphærosporum*, plus *réticulées* qu'*alvéolées*.

J'ai rencontré cette Truffe aux environs d'Apt dans une localité très spéciale, à Lagarde, à la ferme des *Quentins*, au pied d'un Chêne blanc. Le propriétaire m'en a fourni, sous le nom provençal de *Maïen couien* (Truffe de mai cuisante), de très nombreux spécimens. Le beau-père du propriétaire des Quentins m'en a aussi procuré. Elles provenaient du même quartier.

Je n'ai, en effet, en dehors des échantillons que je tenais de M. Grimblot, récolté cette Tubéracée que dans ce seul endroit, et les nombreux truffiers à qui je l'ai demandée n'ont pas su toujours quoi me répondre.

On m'a dit cependant que le *Maïen couien* de Murs venait principalement de février à mars, sans que j'aie pu vérifier si ce tubercule était le sphérosphore ou l'ellipsospore. J'en ai récolté aux Quentins de novembre à mars, pendant quatre ans, de 1882 à 1885. En 1886, la récolte fut presque nulle.

Dimension des spores $\begin{cases} 0\mu,027 \text{ à } 0\mu,038. \\ 0\mu,022 \text{ à } 0\mu,026. \end{cases}$

Les espèces précédentes, à spores *réticulées* ou *alvéolées*, — et dont il faudrait rapprocher *T. mutabile*, de M. Quélet, dont je ne possède qu'un échantillon sec, — se distinguent par leur péridium très verruqueux, ou du moins à verrues toujours très marquées, alors même qu'elles ne sont pas très saillantes.

Les espèces suivantes ont toujours des spores alvéolées, mais leur péridium jaunâtre, rougeâtre, à peine *papilleux* et quelquefois très lisse, les différencie tout à fait de la catégorie des *æstivum* dans laquelle entrent toutes les espèces précédentes.

Au premier rang de ces Tubéracées, par la fréquence avec laquelle je l'ai rencontré sur les marchés de la région, où on me l'apportait tout spécialement, se place le T. EXCAVATUM. C'est un tubercule de la grosseur d'une noisette à celle d'une noix, rarement plus gros, jaune un peu verdâtre, arrondi ou légèrement bossué, papilleux, surtout au niveau de la fossette basilaire profonde dont il est toujours porteur. Son péridium n'est jamais complètement lisse; il est par places revêtu d'un voile légèrement pulvérulent que l'on enlève en le frottant, mais la surface du tubercule n'est jamais tout à fait polie.

Le trou basilaire pénètre très avant dans le tubercule. Sa cavité est comme saupoudrée d'une poussière jaunâtre : ce sont les papilles et souvent des débris de mycélium que le microscope rend très apparents.

La chair de ce tubercule est dure et jaunâtre. Son odeur, rappelant celle du *Genea* mêlée à celle de la Rave, le rend impropre à la consommation. Des veines à air un peu roussâtres limitent la pulpe fructifère un peu plus foncée, et des lignes obscures bien marquées, surtout quand le tubercule est bien mûr, la parcourent très régulièrement.

Il n'en est plus tout à fait de même chez certains sujets très jeunes dont les lignes obscures sont loin d'avoir la même régularité et la même précision. Alors c'est non seulement à l'œil nu que cette différence se montre, mais encore au microscope et aux réactions chimiques tout à fait différentes que présentent avec les *colorants* les tissus des sujets jeunes et ceux des sujets vieux.

J'ai récolté cette Truffe dans les truffières naturelles de Murs, à Saint-Saturnin, dans les quartiers de *Vévouil*, de *Gaïeou* et de la *Cassette*. Elle m'a été envoyée de Chaumont, sous le nom de *Truffe jaune*, et du *Jura*. Dans notre région, c'est toujours sous le nom par trop compréhensif de *Nez-de-chien* qu'on la désigne.

Diamètre des spores $\begin{cases} 0\mu,030 \text{ à } 0\mu,036. \\ 0\mu,028 \text{ à } 0\mu,032. \end{cases}$

T. MACROSPORUM. — Tubercule rond, présentant des gibbosités et ayant le volume d'une noisette à celui d'une noix. Son pérédium, jaune et roussâtre, quelquefois brun et assez souvent parsemé de fines

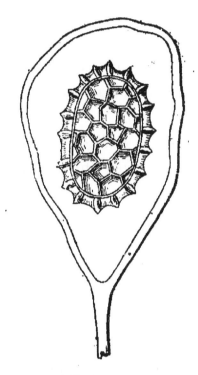

FIG. 17. — Spore alvéolée de *macrosporum*, grossie 540 fois.

verrues, est sillonné de fentes au-dessous desquelles apparaît la chair. Cette chair, à odeur d'ail, ferme, d'abord blanche, puis rousse et rouillée tirant sur le noir, est parcourue par des veines blanches, larges, lâches, à contours peu précis, souvent entre-bâillées, et prenant, avec le temps, une couleur brune.

Spores jaune brun, grosses, presque visibles à

l'œil nu, très finement et très élégamment alvéolées, renfermées au nombre de 1 à 3 dans des sporanges elliptiques longuement pédicellés.

Très rare dans Vaucluse, où je ne l'ai rencontrée
qu'une fois égarée dans un lot apporté au marché,
cette Truffe m'est venue quelquefois des Basses-
Alpes et du Var, des marchés de Valréas, de Nyons
et de Vaison. Elle provenait des triages opérés sur
les lots de Truffes destinés à la conserve. Jamais je ne
l'ai récoltée moi-même.

C'est sous le nom de *Patte-de-chien* qu'on me
l'a donnée, nom sous lequel on m'a donné aussi,
dans certaines régions, le *T. Borchii* et le *Balsamia
vulgaris*.

Dimension des spores $\begin{cases} 0\mu,053 \text{ à } 0\mu,065. \\ 0\mu,032 \text{ à } 0\mu,039. \end{cases}$

T. ASA. — Je n'ai rencontré que deux fois le *T. asa*
au cours de mes recherches : une première fois au
hameau des Allemands, près de Saint-Saturnin ; une
deuxième fois étant membre du jury du concours
régional de Digne, en 1883, je l'ai pris dans un lot
de Truffes exposé par le successeur de M. Ravel, de
Montagnac.

Grosseur d'une noisette à un petit œuf, rond, bos-
selé, sillonné. Couleur jaune-blanc un peu roux, en
tout semblable aux gâteaux appelés *méringues*. Voile
légèrement pulvérulent, péridium non verruqueux.
Chair blanche, puis foncée, ferme, sillonnée de veines

blanches, larges, à contours indécis. Spores *sphériques* très élégamment alvéolées, enfermées au nombre de 2 à 3 dans des sporanges elliptiques, et plus petites que celles de *macrosporum*.

Pas de nom particulier vulgaire : odeur d'ail prononcée.

Dimension des spores : 0μ,023 à 0μ,028.

T. Borchii. — D'une noisette à une noix. Blanc, plus tard rougeâtre, à surface sillonnée de fentes et

Fig. 18. — *Tuber Borchii*, écorce.

de crevasses. Chair blanchâtre, puis fuligineuse et violacée. Veines blanches avec quelques lignes obscures. Spores *elliptiques* alvéolées, renfermées le plus souvent au nombre de 1 à 2 dans des sporanges sphériques ou subsphériques (fig. 18 et 19).

Je l'ai rencontré souvent dans les Basses-Alpes (Oppedette et Sainte-Croix-en-Lauze). Elle m'est venue de Viens, près d'Apt; des marchés de Valréas et de Nyons, des truffières du Var.

C'est sous les noms de *Patte-de-chien* et souvent de *Truffe rouge* qu'on me l'a donné.

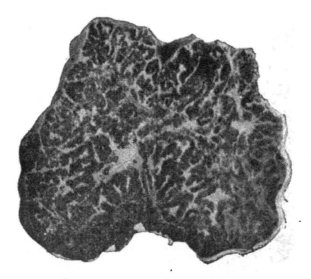

FIG. 19. — *Tuber Borchii*, coupe.

Les auteurs l'ont décrit sous les noms de *T. Borchii, T. gallicum, T. mixtum, T. albidum, T. album.*

Dimension des spores $\begin{cases} 0\mu,035 \text{ à } 0\mu,040. \\ 0\mu,040 \text{ à } 0\mu,035. \end{cases}$

T. RAPÆODORUM. — Très petit, à peine comme une noisette, lisse, jaune ocracé, d'une odeur désagréable; chair blanc roussâtre, parcourue par des veines blanches peu nombreuses, sans lignes obscures. Sporanges elliptiques ou subsphériques contenant 1 à 2 spores elliptiques et quelquefois subsphériques, élégamment alvéolées.

Très rare dans Vaucluse. Je l'ai reçu du Jura et du Doubs. M. le docteur Quélet a bien voulu m'en envoyer des échantillons.

$$\text{Dimension des spores} \begin{cases} 0\mu,032 \text{ à } 0\mu,042. \\ 0\mu,023 \text{ à } 0\mu,029. \end{cases}$$

T. MAGNATUM. — C'est la Truffe par excellence du Piémont, celle que les Italiens préfèrent à la nôtre. Je l'ai reçue quelquefois du pays d'origine et d'autres fois par l'intermédiaire des truffiers qui la rencontrent dans leurs tournées d'achat.

Grosse comme le poing et souvent plus, elle est irrégulière, de couleur ocre pâle et se distingue très bien par la base obconique dont elle est munie. Son hyménium spongieux jaunâtre, puis fuligineux, strié de veines très étroites, la rapprochent des *Chœromyces*. Ses sporanges, formées d'une membrane très mince, contiennent de 2 à 4 spores, le plus souvent 3, elliptiques, quelquefois sphériques, largement alvéolées.

Son odeur rappelle celle de l'ail mêlé à l'oignon, du gibier faisandé et du fromage fait.

Je ne l'ai pas trouvée dans Vaucluse; elle vient sous les Peupliers et les Chênes.

Les auteurs l'ont décrite sous les noms de *T. magnatum*, Pico, — *Truffe grise*, Borch, — *T. griseum*,

Persoon, — *Truffe à l'ail, Truffe blanche* du Piémont, Paulet, — *T. album*, Balb.

Les Italiens l'appellent : *Trifole, Trifole bianca, Biancone, Fiorini* celles de la fin de juillet, et *Ghiaccioli* celles qui viennent plus tard et qui sont moins estimées. D'après M. Chatin, les Provençaux l'appelleraient *Aoustenco* (Truffe d'août), et *gros Museau-de-chien*. Je ne suis pas en mesure de vérifier ces dénominations, ce tubercule étant fort rare dans la région que j'habite.

$$\text{Dimension des spores} \begin{cases} 0\mu,0385 \text{ à } 0\mu,0485. \\ 0\mu,032 \text{ à } 0\mu,042. \end{cases}$$

Je m'arrête dans cette description et je ne la pousserai pas jusqu'à détailler par le menu les Hyménogastrées que ma table contient encore, et à la détermination desquelles elle conduit, d'une façon suffisante. Ces Hyménosgatrées (fig. 20), fort intéressantes, le sont bien moins que les Truffes, et leur description me ferait sortir du cadre de mon livre.

Mais revenant un moment sur les Truffes, je ferai ressortir, d'une manière générale et sommaire, leurs grandes divisions.

Elles forment deux grandes catégories :

Celles à péridium *verruqueux* comprenant toutes les Truffes comestibles ;

Celles à péridium *lisse* ne comprenant que des espèces non comestibles, sauf le *magnatum*.

Dans ces deux grandes catégories, les Truffes se

classent par petites tribus, dont les individus ont entre eux des analogies frappantes. C'est ainsi que les *melanosporum* avec la brumale et les musquées, toutes *échinospores*, ont un air de famille qui les fait confondre au premier abord, et que les *œstivum* consti-

FIG. 20 — Hyménogastre.

tuent avec la *mésentérique*, l'*uncinatum* et les bitumineuses une tribu particulière, à caractère nettement tranché et dont toutes les espèces sont *alvéolosporées*.

Dans la même catégorie, les *rufum* doivent à la dureté de leur chair, de former avec le *Requieni* et le *stramineum* une tribu à part, et c'est le *stramineum*, *échinospore*, mais déjà lisse et poli, qui tend la main à l'*excavatum* encore dur, mais lisse et *alvéolosporé*, pour unir l'une à l'autre les deux grandes divisions. Dans la deuxième catégorie, dont les individus accusent peut être une évolution moins avancée, les caractères de tribu sont moins marqués et les sujets sont plus frustes. Tous sont du reste *alvéolosporés ;* leurs caractères internes diffèrent aussi peu que leurs allures extérieures, et, d'un bout à l'autre de cette grande division, l'*excavatum* mis à part, les individus se ressemblent.

Le tableau suivant montre ces divisions et met en regard les espèces qui, par leurs analogies, semblent se correspondre d'une tribu à l'autre :

1re CATÉGORIE PÉRIDIUM VERRUQUEUX OU CHAGRINÉ			2e CATÉGORIE PÉRIDIUM LISSE
1re tribu. Sp. échinées.	2e tribu. Sp. réticulées.	3e tribu. Sp. échinées.	Spores alvéolées.
Mélanospore. Brumale.	*Æstivum.* *Uncinatum.* *Mesentericum.*	*Panniferum.*	
			Macrosporum. *Rapæodorum.* *Borchii.*
Musquées.	Bitumineuses.	*Rufum.* *Requieni.* *Stramineum (lisse).*	*Excavatum.* *Magnatum.*

CHAPITRE VII

Je n'ai point encore défini la Truffe, mais la définition de ce *Champignon souterrain*, *qui renferme sous
son écorce les sporanges remplis de spores devant ultérieurement le reproduire*, ressort de tout ce que je
viens de dire.

Sa découverte n'a pas d'histoire, et l'on ignorera
probablement toujours par quel concours de circonstances ce précieux tubercule a été mis au jour.

Il est probable que, sentie par quelque animal, la
Truffe a été par lui déterrée, puis mangée, et que
l'homme est venu ensuite s'approprier cette conquête
que l'animal avait faite.

Est-ce le chien, un des premiers animaux domes-
tiqués par l'homme; est-ce le vieux sanglier devenu
le porc domestique qui les premiers l'ont cherchée?

Est-ce le cerf qui l'a fouillée, comme il fouille, dit-on, les *Elaphomyces* auxquels il a donné son nom? Ce sont autant de question qui resteront longtemps sans réponse.

Il est plus probable que c'est dans le voisinage de certains arbres, au cours de certaines *glandées*, au milieu de quelque chasse de la préhistoire que la Truffe a été sortie de terre, car c'est encore au pied des arbres que nous la retrouvons aujourd'hui.

Je sais bien que la relation de la Truffe à l'arbre a été admise, puis vigoureusement niée. Les faits semblent pourtant établir entre ces deux ordres de végétaux une remarquable corrélation.

Il est d'observation, en effet, qu'il n'existe pas de *truffières*, au sens propre du mot, qui ne se trouvent dans un terrain planté d'arbres et que ces exploitations sont liées, dans leur évolution et dans leur sort, à l'évolution et au sort des arbres qui les abritent.

Je sais bien qu'on a cité des exemples de Truffes venues loin des arbres. Je n'ai pas de goût pour m'inscrire en faux contre toute observation qui ne concorde pas avec celles que j'ai faites. Mais il m'est permis de faire observer combien il est singulier que ce genre de découverte ait toujours été l'apanage des chercheurs qui ne sont pas des truffiers, alors que ceux qui cherchent habituellement des Truffes nient avec unanimité avoir jamais fait une découverte semblable.

Je ferai remarquer, de plus, qu'on n'a jamais déterminé l'espèce de Truffe que l'on avait ainsi rencontrée, et que cette lacune est tout à fait regrettable.

Je pourrais ajouter que j'ai contrôlé, depuis que je m'occupe de tubérologie, une foule d'observations et de faits, et que j'ai eu souvent à relever des erreurs fort graves, sur lesquelles on avait édifié les théories les plus singulières.

Une collection de Truffes enchevêtrées dans des racines et péniblement amassée avait servi de pièces de conviction à de nombreux auteurs ; elle me fut communiquée.

Pour ce collectionneur passionné, la Truffe était un Champignon appendu, à l'extrémité d'une radicelle, comme un grain de raisin sur sa grappe.

Tout était décrit dans le mémoire : le Champignon et l'*ombilic* par lequel il était attaché et suspendu.

J'eus le regret de constater que cette collection ne contenait pas une Truffe, mais une série fort remarquable de galles radiculaires *soigneusement conservées dans des flacons pleins d'alcool*... Les conclusions, tirées de ce long travail de recherches, étaient allées plus loin que les faits ne le permettaient.

La liste serait bien longue et parfois fort curieuse des observations que j'ai été ainsi mis en demeure de vérifier. Il est vrai que ces observations n'étaient pas toujours l'œuvre de botanistes rompus à la technique et que la technique de la tubérologie ne va pas sans difficulté.

Ainsi mis en garde, je me suis fait une double obligation : celle de contrôler tous les faits allégués par les auteurs quand la chose était possible, et celle de ne jamais les faire servir à attaquer ou à défendre une théorie quelconque, si je ne les avais point vérifiés.

D'un autre côté, dans cette partie de mon étude, je m'écarterai le plus possible de toute théorie, et, m'inspirant des observations qui, découlant de la grande pratique *trufficole*, appartiennent à tout le monde et sont en quelque sorte impersonnelles, j'établirai sur elles seules les conditions actuellement connues de la production naturelle des Truffes.

C'est toujours au voisinage des arbres que l'on exploite les Truffes, et celles-ci y viennent d'ordinaire dans le périmètre que les racines, par leur ensemble, circonscrivent autour du pied.

On peut prendre aussi, pour la mesure de l'aire souterraine occupée par les Truffes, un espace semblable à celui que représentent les branches déployées autour du tronc, parce qu'il existe, entre l'étendue du système radiculaire et celle de l'ensemble des branches, une relation assez constante.

Il est cependant permis de dire que, si le système radiculaire n'atteint pas dans la terre une profondeur comparable à la hauteur des branches, le cercle qu'il occupe, autour du pied, est souvent plus étendu que celui que forment les branches autour du tronc.

Aussi n'est-il pas rare de rencontrer des Truffes éloignées des vieux arbres d'une distance beaucoup plus grande que celle de leurs plus longues branches horizontales, et M. Grimblot a-t-il pu mesurer, sur les Chênes du garde de Blauvac, que les truffières s'en étaient éloignées progressivement en huit ans de 6 mètres à 25 mètres.

C'est au contraire plus près du pied que les Truffes viennent, — à moins de 15 à 20 centimètres quelquefois, — quand les arbres sont tout à fait jeunes et qu'ils sont porteurs de Truffes pour la première fois.

Dans le cercle plus ou moins agrandi que les racines circonscrivent, la Truffe n'occupe pas indifféremment une place quelconque. C'est toujours à la périphérie du cercle, à la circonférence qu'elle vient. L'ensemble des places truffières attachées au même arbre constitue ainsi, autour du pied, comme une grande couronne qui va s'élargissant, d'une année à l'autre, à mesure que l'arbre grandit et que ses racines s'étendent.

Voilà les faits brutaux et simples auxquels, comme de juste, les explications n'ont point manqué.

Pour les uns, c'est à l'évolution du système radiculaire que la Truffe est liée, et voilà pourquoi elle vient dans l'aire des racines, affectionnant surtout la périphérie où poussent chaque année des radicelles nouvelles.

Pour les autres, c'est à la chute des feuilles tombant dans le périmètre des branches et formant, par leur décomposition en humus, un milieu favorable, que la Truffe doit de pouvoir pousser.

Pour qui s'est occupé de truffières, il est certain, sans vouloir faire d'éclectisme, que l'ensemble de toutes ces conditions doit constituer le milieu où la Truffe vient le mieux.

Mais de ces conditions, les unes sont essentielles et nécessaires, les autres sont accessoires et à elles seules ne sont jamais suffisantes. Aussi, est-ce à l'expérience à se prononcer entre elles, et à leur assigner la juste place qui leur revient.

On a beau dire que les Truffes viennent loin des arbres et qu'on en a rencontré loin de toute végétation ; mais en pratique, il est impossible de supprimer un arbre truffier sans que la Truffe soit supprimée immédiatement aussi, et sans qu'elle disparaisse pour un temps. Du fait de cette suppression rien n'a été brusquement changé pourtant dans les conditions du sol, ni sa composition, ni sa richesse en humus, rien, si ce n'est l'arbre lui-même dont le recepage a supprimé le fonctionnement des branches et troublé le fonctionnement des racines.

On a bien dit que l'ombre projetée par l'arbre supprimé était aussi une condition du sol que l'on avait fait disparaître. Mais comme la Truffe disparaît tout aussi bien du périmètre d'un Chêne de 60 centimètres de hauteur, qui ne projette point d'ombre sur sa truffière située à 2 mètres, qu'elle disparaît du périmètre d'un grand Chêne à l'ombre très étendue, je suis autorisé à croire que cette condition d'ombre ne joue qu'un rôle très accessoire, et qu'elle n'est pas comparable à la condition essentielle et nécessaire de la présence de l'arbre.

Or, ce recepage, appliqué à des cépées paresseuses, a pour effet de les mettre en production truffière alors que le rejet de l'arbre n'a point encore atteint 1 mètre.

Comment agirait-il s'il n'agissait point par l'intermédiaire de l'arbre lui-même auquel il imprime une vigueur nouvelle et une poussée de racines plus étendue?

Comme la Truffe disparaît aussi, lorsqu'on retourne une truffière à la bêche, sans que rien soit alors changé dans la composition du sol et sans que rien soit atteint, si ce n'est les rapports de la Truffe avec l'arbre;

Comme elle disparaît encore, dans une plantation, du pied des essences qui ont été gelées, alors qu'elle continue à venir au pied de celles qui ne sont pas atteintes;

Comme elle diminue pendant les années de grande production de glands et que ce fait resterait inexplicable, si la Truffe vivait loin des racines, on peut conclure que l'arbre est une condition plus nécessaire à la Truffe que la composition et la manière d'être du sol, et, qu'en tout état de cause, il faut faire passer la présence de l'arbre avant elles.

On a donné le nom de *truffières naturelles* à ces places productrices de Truffes qui se sont créées *spontanément,* autour de certains arbres, et que l'homme se borne à fouiller, sans se préoccuper de les entretenir et de les faire vivre autrement qu'en épargnant les arbres qui les abritent.

Ces truffières, qui fournissent à la consommation la plus grande quantité des Truffes récoltées à ce jour, se rencontrent en montagne, en plaine ou en forêt, au pied de certaines essences appartenant d'une manière générale aux *Cupulifères*, aux *Conifères* ou aux *Amentacées*, particulièrement au pied des diverses espèces de Chênes.

On en rencontre aussi au pied des Buis, des Ronces et de certains arbres appartenant aux Rosacées, mais elles y sont rares et, en tout cas, elles ne sont pas l'objet d'une exploitation régulière.

Si beaucoup d'espèces végétales, — plus de trente-neuf d'après M. Chatin, — sont susceptibles de donner des Truffes dans le voisinage de leurs racines, il s'en faut que tous les individus d'une même espèce truffière, placés dans des conditions similaires, donnent des Truffes. En forêt, par exemple, les cépées truffières sont une exception au regard de celles qui ne le sont pas.

Il est difficile d'expliquer cette différence, et les raisons, tirées de l'abondance plus ou moins grande de l'humus, d'une exposition plus ou moins favorable des arbres, répondent à une préoccupation de l'esprit plus qu'elles ne donnent l'explication d'un phénomène très complexe et qui nous échappe encore.

Quoi qu'il en soit, ce n'est pas au pied des arbres tout à fait jeunes que se rencontrent les Truffes ; et il faut que l'arbre ait atteint un certain âge pour que, sous l'influence de causes encore inconnues, une truffière s'y crée.

Longtemps avant cette apparition, la place des truffières futures subit une sorte de préparation dont le premier effet est de la dégarnir des herbes, plantes ligneuses et Graminées, qui y poussent naturellement.

Celles-ci s'étiolent, se dessèchent et disparaissent, pour ne plus laisser après elles qu'une place dénudée, *brûlée*, comme on le dit vulgairement, et dépourvue de toute végétation.

Cette place se *marque* ainsi de plus en plus jusqu'au moment où la Truffe s'y montre.

Dès ce moment, et pendant toute la période de production, la surface de cette truffière reste stérile et nue. Elle ne recommence à se gazonner qu'à partir du jour où la truffière, épuisée, cesse de produire et entre en repos.

Bien des explications avaient été données de ces faits, qui étaient loin d'être satisfaisantes. M. Paul Vuillemin en démontrant que le mycélium n'envahit les Chênes qu'assez tard, semble avoir donné la raison pour laquelle ces arbres n'entrent en production que vers la sixième ou la septième année. Quant à l'explication de la dénudation des places truffières, elle revient tout entière à M. Grimblot, et il en a donné la raison la plus simple et la plus vraie, à la suite d'un examen de préparations de mycélium truffier que je lui avais adressées.

En examinant les racines des plantes mi-sèches, qui disparaissaient des places en préparation, il les trouva abondamment recouvertes des filaments du même mycélium à l'envahissement duquel elles ne pouvaient pas résister.

C'est pour une raison du même ordre que les truffières se regazonnent et de nouveau se recouvrent d'herbes quand les Truffes disparaissent. Le mycélium ne trouve plus alors, au voisinage des racines des arbres truffigènes, qu'un milieu épuisé ; il ne tarde pas à dépérir, et, lorsqu'il a disparu, les plantes recommencent à envahir la place qu'il a quittée.

Cet épuisement des truffières arrive toujours à un moment donné de la vie de l'arbre qui les abrite, et les travaux entrepris par M. Grimblot sur les cépées truffières de Vaucluse en ont, en quelque sorte, fixé la période.

Le Chêne produit en général à l'âge de 6 à 10 ans. Il atteint son maximum de 20 à 25 et cesse en général de produire de 25 à 30. Cette règle paraît certaine, puisque l'Administration des forêts l'a adoptée pour base de la mise en coupe de ses forêts. Elle n'est cependant pas admise par tout le monde ; et si M. Chatin reconnaît qu'elle a été observée dans certains pays, il se range à l'avis de tous ceux qui ne l'admettent pas et qui regardent la production truffière du Chêne comme indéfinie.

Il est, en effet, des arbres plusieurs fois séculaires et qui sont truffiers encore. Pourtant, il résulte de l'observation que ces vieux Chênes ont des périodes de production, suivies de périodes de repos plus ou moins longues. Il est probable dès lors que l'épuisement des Chênes, après vingt-cinq ou trente ans, ne serait qu'une période de repos que suivrait, après un temps encore indéterminé, une nouvelle période de production.

Entre la période initiale de production et celle de l'épuisement, sur laquelle j'aurai à revenir, la production truffière n'est pas constamment uniforme.

En dehors des influences qu'ont, sur la quantité des Truffes produites, les conditions extérieures, il paraît également démontré, par les observations de M. Grimblot, qu'il existe, au cours de la production, des années de repos relatif, pendant lesquelles la production est plus faible. Il n'y aurait que deux à trois bonnes récoltes sur cinq ou six ans.

Ce fait a été pris en considération, pour la fixation des chiffres de mise à prix, lorsque l'Administration procède, à l'expiration de chaque bail, à une adjudication nouvelle des lots truffiers.

Les truffières naturelles sont en général clairsemées dans les bois qui les produisent, et les arbres, au pied desquels elles viennent, sont disséminés, sans ordre, dans les taillis dont ils font partie. Cette disposition en rend l'exploitation longue et difficile, parce qu'elle est forcément irrégulière. Cette difficulté est plus grande encore dans les sols pierreux, naturellement dénudés, où la *préparation* des places ne se *marque* plus par la disparition de plantes qui n'existent pas.

Dans ces conditions, l'homme n'a pour guide que l'instinct de l'animal dressé à la recherche; il ne le conduit pas, il le suit, ce qui est moins fructueux et plus long que d'explorer à coup sûr, avec ordre et méthode, des places marquées d'avance.

Les truffières naturelles ne se montrent pas non plus d'une manière indistincte à toutes les exposi-tions et à toutes les altitudes. Situées, de préférence, sur les pentes douces des collines, elles en affection-nent les versants du sud et de l'ouest où le soleil darde ses rayons; elles viennent moins bien dans les vallées ombreuses, sur les pentes inclinées au nord, où la température est froide pendant plus longtemps.

C'est par une raison du même ordre qu'elles ne viennent pas au-dessus de certaines altitudes, où cer-taines Conifères, les Sapins et les Mélèzes, poussent encore, mais où le Chêne et le Hêtre, ce dernier, arbre truffigène des lieux élevés, ne viennent plus.

Les truffières naturelles ne sont pas non plus indif-férentes à la profondeur du sol dans lequel poussent les arbres qui les abritent, et bien qu'on ait trouvé des Truffes à la profondeur de 1 mètre, le fait est cepen-dant rare.

A coup sûr, ce n'est point à cette profondeur que se développent celles sur lesquelles se fonde, chaque année, l'espérance d'une récolte.

Celles-là viennent à une distance moyenne de 10 à

25 centimètres de la surface, et, comme cette situation est en rapport avec la direction des racines et leur profondeur, on peut dire que les arbres dont les racines sont superficielles et traçantes favorisent bien mieux la production des Truffes que ceux dont les racines sont pivotantes et profondes.

Ces faits, que M. Grimblot a mis en lumière, expliquent aussi pourquoi la nature du sous-sol sur lequel reposent les truffières n'est pas sans influence sur leur venue.

En effet, par sa profondeur, il a une action sur l'orientation des racines à l'enfoncement desquelles il peut s'opposer et qu'il maintient alors rapprochées de la surface du sol, dans les conditions les plus favorables ; mais il peut encore par sa perméabilité permettre aux racines de s'étendre, à l'eau des pluies de les baigner, puis de s'écouler rapidement.

En effet, s'il est nécessaire que les Truffes ne soient pas séparées, de la lumière et de l'air, par une couche trop épaisse de terre, il est nécessaire aussi qu'elles puissent recevoir l'influence de l'humidité, dans une mesure déterminée.

Les truffières naturelles se créent spontanément dans les terrains plantés de certains arbres, quand toutes ces conditions se trouvent, par l'effet du hasard, réunies sur une place donnée. Il est évident que, si l'intervention de l'homme qui les a étudiées peut les réaliser sur une surface étendue, de vastes truffières peuvent être créées qui seront d'une exploitation plus fructueuse et facile.

Cette réalisation a eu lieu; de grandes truffières dites *artificielles* ont été créées, elles ont modifié, dans une large mesure, la production économique de la Truffe. Je les étudierai tout à l'heure quand j'aurai passé en revue et étudié, avec quelques détails, l'influence qu'ont, sur la production de la Truffe, les conditions précédentes et quelques conditions nouvelles.

CHAPITRE VIII

Les conditions dans lesquelles viennent les Truffes peuvent être divisées en nécessaires et en conditions accessoires et utiles, ainsi que je l'ai indiqué.

Je vais m'occuper surtout de ces dernières conditions qui, pour être secondaires, n'en sont pas moins très importantes.

A coup sûr,, la condition primordiale, c'est la présence de la spore ou du mycélium, sans lesquels il n'y a point de Truffe possible. Mais ce mycélium venu, il faut encore la réalisation de certaines conditions sans lesquelles il ne se développe pas et il meurt. C'est la constitution de ce milieu particulier dont il importe d'étudier et les facteurs et l'action.

Dans la production de la Truffe et dans son développement, la nature du sol joue un rôle prépondérent, et ce rôle est lié à la constitution physique du sol autant qu'à sa composition chimique.

Pour qu'elle puisse naître et s'accroître, il faut que le sol soit suffisamment meuble et qu'il permette aux racines des arbres de le parcourir en tout sens. Cette perméabilité est dépendante, dans une certaine mesure de la composition chimique, car c'est un mélange d'argile, de chaux et de sable qui donne le terrain le plus propice. Dans ce mélange, c'est à la chaux que revient la plus grande part d'action, car l'argile pure et le sable pur ne sont point truffiers.

C'est tout naturellement sous la forme de calcaire ou de carbonate de chaux que cette base se rencontre dans les terrains truffiers. Elle y est à l'état très divisé ou en morceaux assez gros. Ces divers états ont sur la forme des tubercules une influence décisive.

Ronds, volumineux et réguliers dans les terrains meubles et fins, ils deviennent irréguliers bossués, anfractueux, biscornus dans les terrains pierreux et aussi dans les terrains durs et compactes, et ils perdent ainsi une partie de leur valeur vénale.

La présence de quelques autres éléments minéraux dans le sol des truffières, tels que le fer, la magnésie, l'acide phosphorique, la potasse et le soude, a une action utile. Elle paraît être démontrée pour le fer, qui donnerait aux Truffes plus de parfum et plus de fermeté, mais elle est moins bien établie pour les autres éléments dont il vient d'être question.

L'analyse chimique des terrains truffiers a été donnée par MM. Grimblot et Chatin, et leurs tableaux présentent, pour un même élément, la chaux, des discordances considérables. Il ne faut pas attacher, à mon sens, plus d'importance qu'il ne convient à une quantité plus ou moins grande de chaux, de potasse ou de soude. Il existe, pour juger de la composition convenable des terres, un critérium meilleur peut-être que l'analyse, c'est l'observation des plantes qui y viennent d'une manière spontanée. La Truffe vient bien sur les coteaux ensoleillés où le Chêne, le Hêtre et la Vigne viennent bien ; c'est surtout ce qu'il importe de savoir.

. Ce n'est point seulement la forme du tubercule qui est influencée par la constitution du sol. Le sol agit sur la Truffe en favorisant certaines espèces au détriment de certaines autres.

Certainement quand les truffiers distinguent les Truffes par le quartier et le sol dont elles proviennent, et les désignent sous les noms de Truffes de *terres rouges* ou Truffes de *terres blanches*, ils ont plus en vue leur forme irréprochable que leurs variétés. Mais il y a, dans cette différenciation, une part de vérité en ce sens que certains terrains sont plus favorables à certaines espèces ; et que la musquée, par exemple, affectionne une zone particulière de terrain hors de laquelle on ne la rencontre pas.

La nature du sol agit également par le degré d'humidité que la terre peut conserver en temps ordinaire, et suivant que les eaux météoriques trouvent un écoulement plus ou moins facile et plus ou moins rapide. Si la Truffe aime les terrains frais, les sols détrempés et *mouilleux* ne lui conviennent nullement.

L'action de la profondeur du sol, si manifeste qu'elle soit, ainsi que je l'ai indiqué, est moins marquée cependant que celle de sa constitution. Elle a pourtant, sur la production des Truffes et, surtout, sur la durée de la préparation des cépées, une très grande influence.

Malgré la profondeur du sol, les Truffes habitent, de préférence, les couches superficielles où se répandent, avec une grande facilité, les racines traçantes. Les unes et les autres trouvent dans cette situation des conditions meilleures d'aération, d'irrigation et de chaleur.

Mais, si la couche de terre est épaisse, les racines trouvent plus de facilité à s'enfoncer, elles ne *tracent* plus. Elles sont alors très lentes à se mettre en production et souvent même elles ne s'y mettent jamais.

Cette épaisseur de couche rend aussi plus tardive la maturation des Truffes. En effet, ce sont celles de la surface qui sont mûres les premières. Celles de l'arrière-saison, plus tardivement mûres et toujours plus petites, viennent toujours plus profondément que les autres.

Après le sol, — milieu permanent où se développent

les Truffes, — les truffières ont à compter avec des conditions plus variables qui leur viennent de l'atmosphère et parmi lesquelles l'air, la lumière, l'électricité, tiennent une place.

L'air joue ici un rôle analogue à celui qu'il joue dans toute végétation et son action sur la Truffe est double.

D'une part il agit directement peut-être, en fournissant d'abord à la végétation initiale du mycélium les éléments dont il a besoin, puis en fournissant à la Truffe le milieu respiratoire et d'exhalaison qui lui est indispensable. Il agit ensuite indirectement, en favorisant la végétation de l'arbre, condition indispensable de la végétation du mycélium.

Il semble, au premier abord, que la Truffe venant à une certaine profondeur dans le sol, l'air ne puisse pas lui arriver facilement. L'observation prouve cependant que les Truffes en contiennent, et que les intervalles des cellules qui les constituent, au même titre que les sinus des Hypogés, en sont remplis. Aussi, sans chercher le mode de pénétration et la voie d'arrivée de cet air, que des observations et des études de physiologie à faire encore peuvent seules indiquer, est-il nécessaire de dire que tout ce qui entrave l'accès de l'air dans les truffières est une cause de stérilisation ou d'infertilité. J'en donnerai des exemples.

Peut-être faut-il attribuer aussi, à la difficulté de pénétration de l'air, la stérilité absolue de l'argile pure

et celle non moins absolue du sable pur, mais ce sont
là des explications théoriques auxquels je ne prétends
pas assurer une valeur trop grande. Le fait reste de
la nécessité de l'aération des truffières, et c'est la seule
chose qu'il importe d'établir.

Après l'influence de l'air, vient l'action de la lumière, tout aussi incontestable, et qui se marque,
d'une manière évidente, sur les truffières en production.

Celles-ci ont besoin du soleil pour rester fertiles ou
pour le devenir; et si, dans une montagne truffière,
par le fait du plissement du terrain, il s'est formé
quelque vallée où l'ombre s'accumule et persiste, on
est sûr qu'en cet endroit les Truffes ne viendront
jamais.

Cette influence se fait sentir aussi sur les arbres
situés sur les pentes moins éclairées du nord, mais
encore sur ceux au pied desquels l'ombre s'élargit et
s'accroît par l'allongement de leurs branches, ou par
l'extension des branches des arbres qui les avoisinent.

Par leur entre-croisement, par leur seul rapproche-
ment, les branches et les feuilles ont constitué, au-
dessus du sol, un couvert qui empêche les rayons du
soleil d'arriver à terre. C'est pourquoi les forêts où les
arbres sont serrés ne portent pas de Truffes *sous
bois* mais seulement à leur lisière. C'est pourquoi
aussi le versant nord des montagnes donne peu de
Truffes, alors que leurs pentes méridionales sont
parsemées de truffières.

L'influence de l'humidité sur la production truffière est de même nature que celle qu'elle exerce sur les autres formes végétales. Elle est favorable quand elle ne se prolonge pas et que la terre peut facilement se ressuyer par l'écoulement des eaux ou par leur évaporation rapide.

La nature du sol, celle du sous-sol, facilitent ou retardent cet écoulement; elles corrigent quelquefois, suivant les années, ce que les conditions climatériques peuvent avoir d'excessif.

Dans les années très sèches, les terrains à prédominance argileuse conservent leur humidité plus longtemps et assurent encore une récolte là où les terrains siliceux et secs, brûlés par le soleil, ne produisent pas.

Le contraire a lieu pendant les années humides où les argiles ne se ressuient pas, tandis que les sables ou les sous-sols fissurés et perméables permettent à l'eau de s'écouler et produisent des Truffes.

Cette observation m'est confirmée par une note de M. Falque, inspecteur des forêts du cantonnement de Bagnols, où l'on fait, pendant les années sèches, une différence dans la production générale du sol calcaire et celle d'une bande siliceuse qui part de l'Ardèche, à Saint-Julien de Peyrolas, et se dirige, au sud, jusqu'au village de Tresques.

Dans ces terrains où le Chêne blanc est l'essence dominante et la Bruyère le mort-bois caractéristique, la production est moins abondante pendant les années sèches parce que le terrain siliceux s'est échauffé et desséché davantage.

La pluie, qui est un des facteurs de l'humidité, possède au même titre une influence utile ou défavorable sur la production des Truffes. On est d'accord pour regarder comme très favorables celles qui tombent, accompagnées d'orages, vers les mois de juillet et d'août. Néanmoins, les pluies modérées d'avril à mai et les pluies modérées aussi de l'automne, vers septembre, créent des conditions excellentes.

Il n'en saurait être de même des pluies prolongées de cette arrière-saison : elles mettent alors un obstacle presque complet à la venue régulière des Truffes.

Dans ces conditions, elles agissent surtout par l'humidité persistante dont elles imbibent la couche truffière impuissante à se ressuyer. Mais, comme elles correspondent aussi à une période plus longue de temps nuageux et couvert, à l'excès d'humidité vient s'ajouter le défaut de chaleur et de lumière. Or, comme il est probable que la Truffe a, comme le Blé, besoin d'un certain nombre de calories, pour se développer et mûrir, il est presque sûr que, dans ces conditions défavorables, elle ne se développera pas.

Je viens de parler des pluies accompagnées d'orages et se montrant surtout aux mois de juillet et d'août. Ces pluies ont été, de tout temps et à bon droit, considérées comme exerçant, sur la production des Truffes, une influence des plus décisives.

Cette action avait été d'autant plus remarquée dans

l'antiquité qu'on attribuait, alors, l'origine de la Truffe à une fermentation du sol, ou à une agrégation particulière, sous l'influence du tonnerre, des éléments qui le composent.

Les recherches modernes auraient dû, ce semble, faire abandonner ces idées que certains grands trufficulteurs professent encore et pour lesquels la Truffe, formée dans la profondeur du sol, sous l'influence des orages et de l'électricité, monte lentement à la surface.

Loin d'attribuer à l'électricité le rôle qu'on lui prête si gratuitement, il est permis d'affirmer, au contraire, que son action, dans la production de la Truffe, est fort obscure et que les observations de ces dernières années n'ont rien appris sur son compte.

On est donc forcé de revenir aux hypothèses quand on veut expliquer une action qui est déjà mal constatée et qui est plutôt théorique. Il est prouvé en effet que, sous l'influence des orages, il se forme plus facilement des nitrates dont l'action, favorable à la végétation, doit s'étendre jusqu'à la Truffe.

Si les météores aqueux ont une action qui peut être, dans la mesure où ils la produisent, nulle, favorable ou nuisible, les orages de vent n'ont qu'une action toujours mauvaise. On craint, non sans raison, ceux qui soufflent aux mois de mai et de juin. C'est par les secousses que les vents violents impriment aux arbres, *au moment de la sève des Truffes*, que certains truffiers expliquent cette action. Je donne pour ce qu'elle vaut cette explication d'un fait que des truffiers très compétents m'ont affirmé, mais que je n'ai jamais vérifié.

Il est généralement admis que le froid a, sur la maturation des Truffes, une action très favorable et qu'une Truffe n'est bonne que si elle a subi l'influence des premiers froids de l'hiver. Cette opinion très générale est très vraie, et les Truffes ne sont réellement savoureuses qu'à la fin de décembre et pendant les mois de janvier et de février. Mais il est bien entendu que c'est un froid contenu dans de justes limites d'intensité et de durée qui peut avoir seul cette action.

Lorsque ses effets vont jusqu'à geler la couche superficielle du sol où se rencontrent les Truffes, le froid les gèle elles-mêmes et leur fait subir un vrai désastre au triple point de vue de leur qualité, de leur maturation et de l'avenir de la truffière.

Gelées, les Truffes meurent et perdent par suite la faculté d'évoluer et de croître. Elles ne mûrissent plus, elles pourrissent dans le sol ou dès qu'elles en sont extraites. Elles ne forment plus alors qu'un amas de tubercules sans parfum, sans valeur, repoussé par le commerce qui ne peut songer ni à les expédier, n à les conserver.

Si l'action du froid se prolonge, elle atteint non seulement les tubercules actuels et ceux qui doivent se montrer à l'arrière-saison, mais elle peut atteindre encore les arbres eux-mêmes.

Une campagne truffière qui s'ouvre par des gelées persistantes est donc une campagne perdue au point de vue de la récolte actuelle, mais les effets du froid peuvent être plus funestes et plus durables si les arbres truffiers ont été touchés.

La production des cépées gelées est alors interrompue brusquement, et ce n'est qu'après la reconstitu-du bois, c'est-à-dire au bout de six à dix ans, que les truffières peuvent revenir.

Un pareil accident, — fort regrettable mais très instructif, — s'est produit en 1870-1871 dans la truffière de M. Rousseau, au Puits-du-Plan près de Carpentras. Dans cette plantation composée de Chênes, d'Yeuses, et de Pins, toutes les cépées d'Yeuses furent atteintes.

Aussi, pendant que les cépées de Chênes blancs et de Pins résistaient et continuaient à produire, celles des Yeuses, tout à côté des premières, disparaissaient sans qu'on pût invoquer d'autre raison pour expliquer cette brusque suppression, que l'action de la gelée sur les arbres.

L'action de la chaleur, pour être nuisible, doit naturellement s'exercer pendant une longue période et coïncider avec une sécheresse également prolongée. En dehors de cette condition elle est toujours favorable, et ce ne seront jamais les pentes septentrionales des montagnes ni leurs sommets élevés qui seront producteurs de Truffes.

L'altitude exerce, en effet, une action très certaine, et elle détermine, — absolument comme elle le fait pour les végétaux, — des zones que ces Champignons ne peuvent franchir.

Pour la Truffe noire, on peut dire qu'elle s'arrête à 800 mètres, peut-être parce que .personnellement elle ne s'accommode pas de la température qui y règne, mais à coup sûr parce que les arbres qui la produisent ne veulent pas y venir.

Les derniers représentants truffiers qui se plaisent dans les lieux élevés sont les Hêtres. C'est à leur pied qu'on rencontre les dernières Truffes, et encore ces Truffes appartiennent-elles souvent à des espèces qui sont loin de valoir la Truffe noire des altitudes moins grandes.

De même que le naturaliste Charles Martins avait suivi, sur les flancs du mont Ventoux, les diverses flores qui s'y superposent, depuis le climat tempéré jusqu'au climat polaire, on peut suivre, sur la même montagne, la superposition des essences truffigènes ; et la matière ne manque pas à des observations pleines d'intérêt que l'on peut faire, sur ce mont Ventoux, dont le pied, baigné de soleil, est une vaste truffière enrichissant dix villages.

Les diverses influences que je viens de signaler et que subissent les truffières ne sont point justiciables de l'homme. Celui-ci, impuissant à les modifier, les subit à son tour sans les pouvoir diriger ou contenir. C'est tout au plus si, dans certaines conditions, il peut, par quelques travaux, assurer un meilleur écoulement des eaux de pluies, quand celles-ci auront été excescives, ou diminuer le couvert des arbres devenus par trop touffus.

Mais il est un certain nombre de conditions qui dépendent de sa volonté et dont l'action est également très importante. Les soins donnés aux truffières, la manière de les exploiter, peuvent faire varier leur rendement dans un sens très étendu. C'est ce que je vais exposer.

Toutes les forêts contenant des truffières naturelles ne sont pas exploitées seulement pour ces truffières; et la plupart de celles qui appartiennent à l'État, aux communes et aux particuliers, le sont, pour le bois qu'elles peuvent fournir. Le bois est le rendement principal et visé; la Truffe est un rendement prévu, mais seulement accessoire.

Les truffières naturelles ne sont pas, d'ordinaire, l'objet de soins particuliers que leur dissémination et leur situation irrégulière dans les bois rendraient du reste difficiles.

Quand elles ont été fouillées, on ne les recouvre pas même de la terre que la fouille a soulevée, et elles ne sont même l'objet d'aucune de ces cultures que je mentionnerai quand il sera question des truffières créées de mains d'homme.

C'est donc surtout contre une exploitation trop brutale des forêts ou des arbres qui les abritent qu'il faut les défendre.

L'Administration des forêts, en procédant à l'adjudication de ses coupes, ne réserve pas toujours aujourd'hui les cépées truffières. Les reboisements considérables qu'elle a effectués depuis 1860, la rotation vingtenaire qu'elle a adoptée, l'entrée en production successive de ses plantations nouvelles et celle de ses coupes qui repoussent, lui permettent de maintenir et de relever, à chaque adjudication nouvelle, le chiffre de ses revenus.

Elle est convaincue du reste que les cépées truffières commencent à s'épuiser dès leur vingtième année, et elle considère comme une entrave apportée à l'exploitation des bois, — déjà gênée par le balivage, — la réserve des cépées chez lesquelles l'épuisement est imminent.

Mais le simple propriétaire, possesseur de quelques hectares de truffières, ne peut pas suivre ces errements : il a intérêt à exploiter ses truffières jusqu'à épuisement complet. D'autre part, dans les forêts soumises à sa surveillance et où la réserve des cépées truffières fait partie des conditions intervenues entre les locataires des Truffes et elle, l'Administration a intérêt à mettre ses locataires de Truffes à l'abri des vexations et des tracasseries de ses adjudicataires de bois. De là des modes d'exploitation particuliers dont l'influence sur la production, mais encore sur la *conservation* des truffières, est considérable.

La réserve des cépées truffières est la reconnaissance implicite de ce fait que la Truffe disparaît quand disparaît l'arbre au pied duquel elle vient.

Le premier soin à donner aux truffières consiste

donc à ménager les arbres qui les abritent et à les préserver de tout abatage et de toute mutilation.

La question d'abatage est toute jugée : elle supprime du même coup la truffière et l'arbre [1]. Mais la question de mutilation est jugée aujourd'hui moins sévèrement que jadis.

On était si convaincu autrefois que toute atteinte, même minime, portée à l'arbre était une atteinte à la Truffe, qu'on laissait les arbres truffiers croître, s'étendre, et se déformer en liberté. On est moins sévère aujourd'hui, et une taille *très discrète, très avare,* qui facilite seulement l'accès de l'air dans les feuilles et le développement des branches horizontales, est conseillée quelquefois. Mais la taille n'est avantageuse que si elle est pratiquée avec la plus grande parcimonie : mieux vaut PAS DE TAILLE QUE TROP DE TAILLE.

Mais les truffières ont à compter encore avec d'autres sévices.

Les adjudicataires de coupes, ceux qui sont chargés de les exploiter, font habituellement plusieurs lots des arbres qu'ils ont abattus. Les troncs réservés pour l'industrie, pour le charbon ou pour le chauffage ; les branches feuillées, assemblées en fagots de dimension, sont immédiatement évacués ou sont conservés sur place et y sont disposés en meules plus ou moins volumineuses.

[1] Voir la note du chapitre IX.

Suivant l'inclinaison du terrain, les gros bois sont disposés sur des pièces plus grandes et lancés sur les pentes à la façon des traîneaux. Ils ravinent le sol sur leur passage, soulèvent la terre et l'entraînent.

Les fagots éparpillés par la forêt sont traînés aussi jusqu'à l'endroit où la meule doit s'élever, les branches sont quelquefois disposées en pyramide autour des pieds gardés en réserve.

Malheur aux places truffières qui sont parcourues par ces convois : elles sont très endommagées, quand elles ne sont pas entraînées et détruites.

Elles sont détruites aussi les truffières qui se trouvent sous les meules de fagots, sur lesquelles ces meules séjournent, accumulant l'humidité, interceptant l'air et la lumière. « La *broussaille*, me disait Ambroise Carle, de Villes, est le *poison* des truffières en ce sens que les fagots, broussailles, branches feuillées entassés sur les places truffières et y séjournant longtemps les font mourir. »

Et de fait il avait perdu pour cette raison ses truffières des coupes du Vallat de Maraval ; et plus tard, sur une parcelle qu'il avait affermée au même quartier, deux de ses truffières périrent encore parce que les exploitants avaient, malgré sa défense, entreposé des fagots sur elles.

Cette action, que les exemples cités rendent certaine, et qui n'était guère connue, mérite, comme on le voit, d'être signalée.

Mais en dehors du mode d'exploitation dont les

arbres sont l'objet et sur lequel j'aurai à revenir ; en dehors des soins qui leur sont donnés et parmi lesquels une taille ménagée, la suppression des branches intérieures trop verticales, la disposition de l'arbre en gobelet, peuvent avoir un effet heureux sur la production des Truffes, la manière d'extraire celles-ci n'est pas sans action sur la truffière elle-même.

On verra plus loin qu'il n'est pas indifférent qu'elles soient fouillées par les chiens ou par le porc, suivant les conditions où elles sont placées ; mais jamais elles ne devront être extraites à la bêche ou à la pioche. C'est un procédé de maraudeur qui ne les épargne pas : il coupe les racines, il bouleverse la terre en la retournant, et il trouble si profondément l'arrangement intime des truffières que celles-ci disparaissent tout de suite.

Quoi qu'on en ait dit, les diverses variétés d'arbres dont le voisinage favorise la venue des Truffes ne sont pas indifférentes à la qualité de leur production. Il est certain que si l'on divise, en lots égaux de cépées truffières, une surface complantée en différentes essences, les rendements ne se ressemblent pas. Les Truffes ne se ressembleront pas non plus par leur qualité et il est d'observation que les Truffes venues au pied des Pins s'imprègnent d'un certain goût résineux que n'ont pas les Truffes des Chênes, alors même que ces Chênes sont plantés au milieu des Pins et se nourrissent du détritus de leurs feuilles. Dans les Chênes eux-mêmes, on a voulu faire une différence et attribuer les plus grosses Truffes à ceux qui avaient les plus larges feuilles et les plus gros glands. Par la même raison on a donné au Chêne yeuse et au Chêne kermès des Truffes à petits grains et les Truffes à gros grains au Chêne rouvre; mais j'avoue que mes observations personnelles ne me permettent pas de considérer ce fait comme constant et comme susceptible de servir de base à une règle.

Les Truffes qui viennent au pied du Noisetier m'ont paru, au contraire, constituer le plus souvent une variété distincte de la Truffe noire ordinaire. Elles ont des caractères botaniques assez différents et sont douées d'un parfum, d'un arome plus pénétrant et d'une saveur plus relevée.

Bien plus que l'action des essences l'influence des saisons se fait sentir sur les Truffes, et si on les considère au simple point de vue du moment de l'année où elles apparaissent, on peut les diviser tout naturellement en Truffes d'été et en Truffes d'hiver.

C'est à l'hiver qu'appartiennent les Truffes noires si remarquables et si parfumées qui ont fondé la réputation du Périgord, de la Provence et du Dauphiné. C'est à l'été que semblerait devoir revenir cette Truffe du mois de mai connue en Provence et en Périgord sous le nom de *Maïenque,* en botanique sous celui d'*æstivum* et que l'on récolte pourtant, en Bourgogne et à Chaumont, d'octobre à décembre.

La Truffe du Périgord, celle de nos régions méridionales, commence à se former de la fin d'avril à la fin d'août, et sa maturation suit une marche parallèle à celle de sa formation initiale. C'est dire que celles formées fin avril commencent à être mûres fin octobre et novembre, et qu'on ne récolte mûres en mars et avril que les Truffes formées en août.

Si en septembre ou octobre, profitant, pour les observer, du soulèvement quelquefois très apparent qu'elles produisent à la surface du sol, on les découvre avec précaution au milieu des fines radicelles qui les enveloppent, elles sont arrêtées par cette opération dans leur évolution ultérieure, et on a beau les recouvrir tout de suite de la terre enlevée un instant auparavant, elles ne croissent plus et se gâtent.

Ces Truffes ainsi dénudées, superficielles par leur position, ne sont pas mûres encore, mais elles sont voisines de leur maturité, bien qu'elles soient encore sans parfum. Cette maturité, qui commence à se montrer sur les Truffes les moins profondes, ne sera complète que dans quelques semaines.

La Truffe vraie, la Truffe noire comestible, appartient donc, en fait, autant à l'été qu'à l'hiver. Mais comme elle ne compte que du jour de sa maturité arrivé en hiver, elle est considérée comme appartenant à l'hiver. De fait, c'est pendant cette saison seule qu'elle est exploitée et qu'elle apparaît sur les marchés en quantités qui atteignent parfois 4 à 5000 kilogrammes.

Mais cette saison n'est pas exclusivement celle de la vraie Truffe. Elle est aussi celle de la musquée qui, apparaissant un peu plus tard vers la fin de décembre, disparaît aussi un peu plus tôt vers la fin de février. Cette musquée constitue ainsi une espèce très distincte, non seulement par son odeur et ses caractères propres, mais aussi par la période plus courte de l'hiver, pendant laquelle elle se montre.

Pendant l'hiver, au moment de la récolte des bonnes Truffes, se montrent aussi les *rufum* et les autres variétés ne *Nez-de-chien* quelquefois très abondantes, mais quelquefois si rares aussi, suivant des conditions encore peu connues, qu'on a peine à s'en procurer quelques échantillons quand on veut les étudier.

Toutefois, parmi ces *Nez-de-chien*, le *rufum* et le *panniferum* ne sont pas exclusifs à l'hiver. Je les ai souvent récoltés en été, mélangés aux Truffes de cette saison, mais ils étaient alors moins abondants qu'en hiver.

Pour certains trufficulteurs il n'y a entre les Truffes comestibles d'hiver et celles de l'été qu'une question de moment, et celles-ci ne seraient guère que des Truffes d'hiver non encore mûres. Cette erreur botanique, tous ne la partagent pas.

Pour le plus grand nombre, au contraire, la Truffe d'été, dure, fortement verruqueuse, imputrescible quand elle se dessèche, diffère essentiellement de la Truffe d'hiver.

Ce qui est moins tranché pour la Truffe d'été, c'est la période pendant laquelle elle se forme et mûrit. On la rencontre, en effet, à l'état de formation, depuis avril jusqu'à octobre, et il n'est pas rare de la rencontrer en octobre et novembre mêlée, plus ou moins mûre, aux Truffes noires que l'on apporte alors au marché.

C'est pourtant de mai à juin qu'on l'exploitait dans le temps et qu'on l'exploite encore dans le Midi, soit pour la faire sécher en tranches minces, à la façon de certains Champignons qui entrent ainsi dans l'alimentation, soit pour la mettre à l'état de conserve de qualité inférieure, destinée, par les marchands peu scrupuleux, à servir d'appoint à la conserve de Truffes noires.

Cette Truffe d'été, cette Maïenque des Provençaux, se forme de novembre à avril et se récolte d'avril à juin, ayant comme la Truffe d'hiver deux périodes bien distinctes : celle de formation et celle de maturation.

Comme celle d'hiver, elle vient au voisinage des Chênes, des Hêtres, suivant la région, en montagne le plus souvent et au pied des plantes ligneuses qui se trouvent dans le périmètre des Chênes.

Ce sont les buissons, le Thym, le Romarin, qui l'abritent le plus souvent. Très superficielle, quelquefois en partie visible, recouverte de feuilles, elle y vient, par groupes parfois nombreux, que les chiens de bergers découvrent facilement, qu'ils déterrent en grattant le sol, et qu'ils font rouler avec leur museau. Quand la saison est propice on peut en récolter, dans un petit espace et en peu de temps, une grande quantité.

Dans le Midi, sa récolte est terminée en juillet.

Mais dans le Nord, en Bourgogne et en Champagne, c'est bien plus tard qu'on la récolte sous le nom de Truffe noire, puisque son exploitation dure d'octobre à fin décembre, et c'est aussi moins superficiellement qu'on la rencontre.

Pour expliquer cette double apparition du même tubercule, en mai et en novembre, après une disparition de quelques mois, M. Grimblot est d'avis que les Truffes d'été ont deux saisons : les unes, se formant en novembre ou décembre, seraient mûres en mai et juin ; les autres, se formant en mai et juin, seraient mûres de novembre à décembre. Le fait est vrai, je crois, car j'ai trouvé moi-même, dans le Midi, l'*æstivum* mûr en octobre. Mais je crois davantage à une différence de nature, entre l'*æstivum* du Midi et l'*uncinatum* de Bourgogne, qui expliquerait mieux encore pourquoi on les récolte l'un et l'autre, dans des saisons opposées.

Quoi qu'il en soit, la saison a sur les Truffes une action très marquée, mais il convient de donner au climat une action plus prépondérante encore. J'ai reçu de Chaumont, par l'intermédiaire de M. Grimblot, des Truffes dites *violettes*, tout à fait semblables à notre brumale et à notre mélanospore, un échantillon de Truffes musquées et de nombreux *rufum*. L'espèce existe donc, dans le Nord, à l'état d'individus rares et isolés, et qui ne se propagent pas parce qu'ils ne trouvent pas cette condition favorable de climat qui leur est indispensable.

Avec le climat se confond naturellement, et dans le plus grand nombre des cas, la question de la latitude, en tenant compte des variations que font subir à une zone également distante de l'équateur son exposition, son voisinage de la mer et le niveau auquel elle est située.

On peut dire d'une manière générale que la *Truffe noire*, mélanospore, dans les conditions où elle est exploitable, ne dépasse guère en Europe le 49° degré de latitude septentrionale et qu'elle ne descend pas au dessous de 40°.

L'*æstivum* remonte plus haut vers le nord et descend peut-être un peu moins bas vers le sud.

Dans les deux zones, puis en au deçà et au delà, viennent des Hypogés de toute nature, depuis le *Terfez* jusqu'aux *Hyménogastres* que la mode et le goût ont fait adopter aussi, et que l'on mange, dans certains pays, en guise de condiment.

Nous n'avons point en France ni même en Europe le privilège de la consommation de la Truffe, et si la France consomme la *noire* et l'*æstivum*, le Piémont le *magnatum*, l'Afrique le *Terfez*, un de mes amis, M. le garde général des forêts Ussèle, en mission dans l'extrême Orient, vient de me rapporter que les Japonais consommaient, sous le nom de *Boukouriou*, un Champignon souterrain.

Ce Champignon, récolté au pied d'un Pin, appelé *Akamatsou (P. densiflora)*, est conservé dans du vinaigre avec un piment particulier, et il est servi pour être mélangé aux aliments, comme nous y mêlons ici les piments, les cornichons et les câpres.

Le *Boukouriou* se récolte à la fin de mars ; il appartient à la famille des Hyménogastrées [1].

Bien que le Japon appartienne par sa latitude à une zone voisine de la nôtre, M. Ussèle n'y a rencontré ni la mélanospore ni l'*æstivum*, qu'il n'a pas trouvés non plus dans l'Amérique du Nord. Il existe donc, en dehors des lignes isothermes qui circonscrivent les climats, une zone géographique plus limitée encore qui est la zone privilégiée des Truffes.

Si l'on considère seulement la Truffe *noire*, celle-ci n'est réellement abondante et exploitable qu'en France, un peu en Italie, moins encore dans le nord de l'Espagne. C'est la France qui reste le pays de production par excellence ; c'est d'elle que la Truffe est exportée en Angleterre, en Amérique, en Russie, en Allemagne et dans les colonies ; et en France ce sont la Provence et le Périgord qui ont le privilège de la qualité et de la quantité.

Si, prenant une carte de France, on pointe sur chacun des départements d'un signe particulier la quantité et la qualité des Truffes que chacun d'eux

---

[1] Au congrès de l'Association française à Toulouse, j'ai décrit le *Boukouriou* sous le nom de *Rhizopogon Usselii*. Les Japonais consomment encore une espèce très voisine, le *Chorô*, que leur gouvernement avait exposé à Paris, en 1878, sous le nom de Truffe de Pin, et que le Muséum m'a communiqué.

produit, on arrive à figurer d'une façon très nette la distribution des Truffes.

On voit tout de suite que le plateau central, corres-

FIG. 21. — Carte de la distribution des Truffes.

La production des *Truffes noires* est figurée par un rond, celle de l'*æstivum* par un triangle.

pondant aux anciennes provinces de l'Auvergne et du Limousin, en est dépourvu, et que, tout autour de ce plateau, la production se répartit d'une manière plus ou moins régulière.

De l'ouest au sud-est de ce plateau est la région privilégiée de la mélanospore et de la brumale si parfumées et si recherchées. Dans cette zone vient aussi l'*æstivum*, mais il n'est plus guère exploité que dans quelques départements du sud-est. Au nord et à l'est viennent les diverses variétés de l'*æstivum* exploitées surtout en Champagne, en Bourgogne et en Franche-Comté. La brumale et la mélanospore ne s'y rencontrent qu'à l'état de très rares exceptions.

Enfin, une région assez étendue, partant du plateau central pour aboutir au Finistère, paraît ne pas produire de Truffes, ou tout au moins ne produire la mélanospore et l'*æstivum* qu'en si petite quantité que l'exploitation de ces rares échantillons n'y serait pas possible.

Est-ce à la nature de son sol que la France doit le privilège de cette production précieuse? La chose ne paraît point douteuse, et dès lors la question se pose d'examiner quelles sont les variétés de terrains dont la présence semble indispensable à la venue de la Truffe et qui lui communiquent, en tout cas, le parfum et la saveur qui la mettent hors de pair.

Au point de vue de la composition chimique, ce sont les terrains contenant une certaine proportion de chaux qui conviennent le mieux, ainsi que je l'ai déjà dit. Il était donc tout naturel de trouver au premier rang, dans la série géologique, les terrains crétacés comme producteurs de Truffes.

Si la carte de la production truffière était exactement établie pour chacune des localités de la France, et si, à côté du chiffre de la production, l'indication de la qualité des Truffes était donnée, il serait facile, en rapprochant cette carte de la carte géologique, d'établir d'une manière sûre les rapports qui lient, dans un pays donné, la géologie à la Truffe. Mais ce travail qui résoudrait la question n'est pas fait encore et il n'existe même, pour le mener à bien, que des données incomplètes. M. Chatin a résumé cependant les documents que M. Guitteau, professeur de chimie et de toxicologie à Poitiers, lui avait fournis pour le département de la Vienne dont la géologie avait été étudiée par M. de Longuemar, et il a pu donner aussi des indications sur les sols des truffières des Basses-Alpes et de l'Isère.

Moins riche de documents, je ne pourrai pas faire comme je le voudrais l'étude du gisement général de la Truffe, mais, en revanche, en me renfermant dans la seule géologie de Vaucluse, dont les cartes ont été dressées par M. l'ingénieur en chef des mines Scipion Gras pour le département, et par M. Léenhardt pour le Ventoux, je pourrai apporter, à la géologie de la Truffe en Vaucluse, une solution précise et qui vaudra, je crois, pour les autres sols truffiers de la France.

On peut considérer le département de Vaucluse comme une vaste assise néocomienne soulevée, aux temps géologiques, avec quelques îlots jurassiques.

Dans cette immense cuvette dont le fond, en divers points, se relève en hauts sommets comme le Ventoux et en longues crêtes comme celles du Luberon et des monts de Lagarde, des dépôts successifs sont venus lentement s'accumuler, formant, au-dessus du fond néocomien, de larges étages que des bouleversements ultérieurs ont troublés.

C'est ainsi que, du fond de la cuvette au sommet, s'étagent successivement les masses néocomiennes, les grès verts inférieurs, des bandes sidérolithiques, puis toute la série des tertiaires avec leurs mollasses marines ou leurs formations d'eau douce. Viennent ensuite le diluvium quaternaire et les alluvions modernes.

Mais sur cette large surface, des érosions profondes ont été produites par l'écoulement violent des eaux, emportant avec elles, sur divers points, des étages entiers et laissant visibles, après elles, les affleurements des couches qu'elles avaient entamées et découvertes.

Ce sont les pentes néocomiennes du Ventoux, des monts de Vaucluse, du mont Luberon, sur leurs versants méridionaux, qui sont par excellence la région où la Truffe noire vient spontanément et en abondance.

Dans la mince couche de terre graveleuse, reposant sur la roche fissurée, les Chênes verts et les Chênes blancs étendent leurs racines traçantes qu'arrose facilement l'eau des pluies et que réchauffe le soleil.

Aussi est-ce de Bédouin à Flassan, à Villes, à Méthamis, à Saumânes, à Murs, à Lioux, à Croagnes, à Saint-Saturnin, à Villars et à Rustrel, sur la lisière du néocomien, que viennent les Truffes les plus nombreuses et les plus parfumées.

Les terrains crétacés, situés immédiatement au dessus de la couche néocomienne pure : les grès verts, la couche *aptienne*, — Apt, Saint-Saturnin, Vaison et Sault, — viennent en suite.

Puis les tertiaires de Caseneuve, de Mormoiron et de Blauvac, et la mollasse marine d'Apt, Saignon, Buoux, Sivergnes, Bonnieux, Carpentras, Venasque, Malaucène et Grignon, où de nombreuses truffières naturelles ont été augmentées de celles créées de main d'homme.

Quant à la couche sidérolithique, fort peu étendue et dont la base est le sable quartzeux fin avec des argiles plastiques et fort peu de calcaire, elle ne donne pas de Truffes. Elle est en général boisée par des Pins.

Les diluviums quaternaires de Valréas, les alluvions récentes de Jonquières, de Velleron, de Pernes donnent peut être des Truffes moins nombreuses, mais d'une forme plus régulière et plus appréciée.

Si l'on rapproche ces observations de celles qui ont été faites dans les pays de production truffière, on voit qu'elles sont parfaitement concordantes et qu'en définitive c'est dans les sols crétacés que les Truffes viennent le mieux.

Celles du Poitou viennent de préférence, comme celles du Périgord, dans les calcaires jurassiques et dans la couche oolithique, et il n'est pas difficile de suivre, sur le terrain, cette distribution toute spéciale de la Truffe.

Ce même fait se passe dans la Drôme, où les Truffes de Nyons et du Buis viennent dans les affleurements jurassiques immédiatement sous-jacents aux assises néocomiennes du versant nord du Ventoux.

Des calcaires jurassiques aux calcaires d'eau douce des terrains tertiaires, la série est grande des couches où les Truffes trouvent un sol approprié à leur venue.

Cette venue est liée d'une manière intime, on le voit, à la présence de la chaux : c'est la condition qu'il faut retenir, car c'est elle qu'il faudra rechercher tout à l'heure quand il sera question de l'établissement des truffières, créées de main d'homme, dans les terrains qui n'en ont jamais produit.

Cette constitution géologique a une importance si considérable dans la distribution des Truffes, que si on la rapproche de la distribution géographique, — où l'action du climat joue peut-être le principal rôle, — on voit qu'elle l'emporte sur elle au point de vue de son efficacité. Le Plateau central, en effet, avec ses roches éruptives et ses schistes cristallisés, n'offre pas à la Truffe un milieu favorable. Mais tout autour de ce Plateau s'étend une grande bande jurassique bordée à son tour par les dépôts crétacés de la mer néocommienne et par ceux des eaux tertiaires. C'est dans ces trois zones, disposées autour du Plateau central dans l'ordre de la distribution géographique indiquée déjà, que les Truffes viennent spontanément.

Au sud-est, au midi et à l'ouest, la mélanospore, la brumale et l'*æstivum* trouvent le climat qui leur convient. A l'est, au nord-est et au nord, les variétés de l'*æstivum*, sur un terrain identique, s'accommodent mieux que les précédentes des conditions nouvelles formées par un climat plus froid. Mais c'est l'influence du terrain qui joue le rôle principal, car, en dehors de cette zone, et quel que soit le climat, la Truffe ne se rencontre plus.

CHAPITRE IX

Création des truffières artificielles. — Choix du terrain, choix des essences. — Description des procédés, choix du procédé. — Conduite des truffières, soins qu'elles réclament. — Importance de la Truffe au point de vue forestier : reboisement.

Il semble que l'étude des conditions dans lesquelles se forment et vivent les truffières naturelles devait conduire tout de suite à la création des truffières artificielles, et qu'il était bien simple de se dire : « Puisque les Chênes produisent des Truffes, plantons des Chênes. » Il n'en a rien été et c'est du pur hasard que les truffières artificielles sont nées.

Bien plus, c'est de l'étude et de la conduite des truffières artificielles que sont venues la connaissance et l'application de certaines pratiques dont les truffières naturelles ont bénéficié par la suite.

Après avoir créé les truffières artificielles et appris à les diriger, l'homme s'est retourné vers ces truffières naturelles que les arbres lui avaient données sans qu'il les demandât, et il s'est mis alors à les soigner et à les améliorer à leur tour.

Pénétré de cette idée, vieille comme Théophraste, que les Truffes pouvaient se reproduire d'elles-mêmes, c'est au semis de ces tubercules qu'on les a d'abord demandées; et plus tard, quand est venue la découverte des petits corps qu'elles contiennent : que ces corpuscules fussent des spores comme l'affirmaient quelques-uns, qu'ils ne fussent que des Truffes en miniature, des *Truffettes*, des *Truffinelles* qui ne demandaient qu'à grandir pour devenir des Truffes, — comme le voulaient certains autres, — c'est toujours à la pratique du semis qu'on s'adressait pour les multiplier. S'il fallait croire ceux qui ont rapporté quelques-unes de ces expériences, le succès les aurait suivies.

Aussi pas un de ceux qui ont écrit sur la Truffe n'a-t-il passé sous silence les Truffes semées sous une charmille et récoltées par M. le comte de Noé, celles de Barbentane et celles plus curieuses encore qu'un savant aurait semées dans un pot à fleurs et récoltées sur sa fenêtre.

Loin de moi la pensée de mettre en doute une seule de ces expériences et d'en contester le résultat. Je me borne à reconnaître que j'ai été moins heureux dans mes nombreux essais, que d'autres l'ont été aussi peu que moi, et que ce n'est point de là que la *trufficulture* est venue.

Je l'ai dit, la trufficulture est née du hasard et les leçons du hasard ont été longtemps perdues.

Déjà, au milieu du XVIIIᵉ siècle, M. de Montclar, procureur général au parlement d'Aix, ayant fait semer, dans sa terre seigneuriale de Bourgane, près de Saint-Saturnin-lez-Apt, des glands de Chênes venus de Malte, y récolta des Truffes dix ans plus tard.

Les Truffes furent trouvées excellentes, puis elles disparurent sans que l'on se souciât d'expliquer davantage leur disparition que leur venue et personne ne songea alors à planter des Chênes pour avoir des Truffes.

Ce fut vers l'an X de la République française, d'aucuns disent vers 1810 ou 1815, que les deux cousins Joseph Talon, habitant le hameau dès Talons à Saint-Saturnin-lez-Apt, firent, inconsciemment, la première expérience qui devait amener une véritable révolution dans la production des Truffes.

Joseph Talon, fils de Pierre, désirant étendre le parcours de son petit troupeau, sema quelques glands dans une parcelle de terre inculte qui avoisinait sa maison. C'est dans le même but qu'il enfouissait parfois des glands dans les trous de truffières ouverts par les porcs, car la venue d'un petit Chêne lui paraissait chose utile, par la glandée que l'arbre devenu grand lui apporterait un jour.

A sa grande surprise, dans le bois semé de ses mains, Joseph Talon récolta des Truffes.

Ce fut une découverte et le paysan madré n'en laissa point perdre le fruit. Fort de sa réussite, il recueillit soigneusement les glands de ceux de ses Chênes qui portaient des Truffes ; il détruisit consciencieusement ceux qu'il n'utilisa point, — pour ne pas les laisser à ses voisins, — et il sema toutes les petites parcelles de terre sans valeur qui l'avoisinaient.

Il travaillait, cette fois, pour le bon motif; les Chênes crûrent et les Truffes multiplièrent. Ce fut le commencement de sa fortune. « C'est de là que je suis venu au monde », disait-il plus tard, à ses enfants, en leur montrant le petit champ qui fut le témoin de son premier travail et de ses premiers succès.

Mais ce succès de Joseph Talon, fils de Pierre, ne pouvait longtemps rester ignoré.

Son cousin, Joseph Talon, fils d'Antoine, ne tard pas à connaître son secret, car le soin même que le fils de Pierre mettait à détruire ses glands et à préserver ses arbres était une indication précieuse.

Aussi, dans la région, tous les propriétaires eurent-ils bientôt leurs Chênes à Truffes.

Pendant que Joseph Talon, fils de Pierre, créait, dans le département de Vaucluse, les premières truffières *artificielles*, les mêmes préoccupations agitaient, paraît-il, les truffiers de la Vienne, et ceux, en particulier, du pays de Loudun.

Si je m'en rapporte à l'excellente étude que M. le professeur Planchon a publiée, en 1875[1], sur *les Truffes et les truffières artificielles*, la date de la création de celles du Loudunois n'est pas bien certaine.

[1] *Revue des Deux Mondes.*

Le Dr Gilles de la Tourette la fait remonter à 1808, mais c'est seulement en 1834, que M. le botaniste Dalastre la fit connaître, pour la première fois, au Congrès scientifique de Poitiers.

D'autre part M. de Bosredon[1] témoigne que les habitants du Perigord, à une date déjà lointaine, semaient aussi des Chênes pour avoir des Truffes.

De telle sorte que le Poitou, le Périgord et la Provence se disputeraient l'honneur d'avoir créé la trufficulture, et s'en attribueraient la priorité.

Cette question me paraît tranchée par des documents officiels et notamment par un rapport de de M. Michel-Étienne Bonnet, alors président du comice agricole de l'arrondissement d'Apt.

A ce moment, la question de priorité, soulevée aujourd'hui, ne pouvait se trouver en jeu. On ignorait à Apt ce qu'on avait pu faire en Périgord et à Loudun, comme on ignorait à Loudun et à Périgueux ce qu'on avait fait à Apt, et le rapport de M. Bonnet n'avait d'autre but que de faire attribuer une récompense à celui qui avait inauguré chez nous la culture des Truffes. Ce fut à Talon, le trufficulteur inconscient de l'an X, que le prix fut accordé.

Si le département de Vaucluse a été l'initiateur de cette culture, là ne s'est point borné son rôle, car nul plus que lui ne l'a depuis cette époque propagée et mise en pratique. Nulle part aussi l'Administration

---

[1] *Manuel du trufficulteur.*

des forêts et les particuliers n'ont autant rivalisé de zèle pour rendre fertiles en Truffes de vastes étendues de sol jusqu'à ce moment infécondes.

Mais si Joseph Talon a été l'auteur incontestable de la découverte; si, à son exemple, dès 1834 et 1835 de nombreuses créations étaient faites, aux environs d'Apt, à Buoux et aux Agnels, ce ne fut qu'en 1847 que la méthode trouva son vulgarisateur dans la personne de M. Rousseau.

M. Rousseau, grand négociant de Truffes de Carpentras, s'inspirant des procédés de Talon, dont il avait visité les truffières, eut l'idée de transformer, en terre à Truffes, le domaine dit le *Puits-du-Plan* qu'il possédait aux environs de la ville.

Les débuts furent d'abord incertains, mais en 1868 M. Rousseau retirait, de 7 hectares de truffières échelonnées, un revenu annuel de 468 francs par hectare, tous frais payés, et il avait récolté pour près de 40 000 francs de Truffes en douze années de production effectives.

Ces expériences de M. Rousseau eurent un grand retentissement. M. Loubet, président du comice agricole et du tribunal de Carpentras, leur prêta l'appui de sa plume élégante et diserte. M. le marquis des Isnards, M. l'inspecteur des forêts Bedel, firent de très intéressants rapports, la presse parisienne s'en occupa, et c'est fort des résultats de la trufficulture en Vaucluse que M. le comte Gasparin put dire, sous une forme paradoxale et frappante, cette grande vérité :

Voulez-vous récolter des Truffes ? Semez des glands.
Mais cet axiome, qui enferme, dans une forme à la
fois heureuse et concise, la donnée fondamentale du
problème de la trufficulture, n'indique pas les conditions à remplir et qu'il faut remplir pour que l'expérience ait un plein succès.

La grande indication était de tenir compte des conditions dans lesquelles les truffières naturelles se sont
formées d'elles-mêmes, pour s'en rapprocher le plus
possible ; il semble, en effet, qu'en se conformant
aux procédés qu'emploie la nature, on a plus de chance
d'atteindre le but auquel elle arrive sans effort.

Aussi les premières truffières artificielles ont-elles
été créées dans les montagnes et sur les mêmes terrains que leurs voisines, les truffières naturelles, dont
elles n'ont été en quelque sorte qu'une extension.

De ces mauvais terrains, où rien ne venait, on est
descendu peu à peu vers la plaine, d'où l'*oïdium* et
le phylloxera chassaient la vigne, en se tenant, autant
que possible, dans les terrains ayant avec le sol des
montagnes une analogie réelle.

Ces divers essais ont permis d'établir, d'une manière
assez précise, les conditions et les procédés qui doivent
présider à la pratique de la trufficulture et que je vais
énumérer.

La première chose dont on ait à se préoccuper,
c'est le choix, du terrain puisque tous les terrains ne
conviennent pas au même degré. Quand on a le
choix, il faut prendre un terrain argilo-calcaire, un

peu siliceux, léger et un peu caillouteux, parce que
les Truffes y sont plus jolies.

Il faut également que la couche de terre végétale
ne soit pas trop profonde, pas trop épaisse, pour
que l'arbre à y faire venir n'y fasse pas de pivot, mais
y projette, autant que possible, des racines superficielles et traçantes.

La profondeur du sous-sol règle cette première
condition, sa perméabilité assure son égouttement,
après les pluies, ce qui est une deuxième condition
tout aussi utile.

Pour favoriser ce même écoulement des eaux, le
terrain sera incliné et il remplira les traditions d'altitude et d'exposition qui ont été déjà indiquées.

Quand le terrain est choisi, il doit recevoir une
culture préparatoire. Cette culture préalable n'est
pas indispensable, mais, suivant le mode adopté, elle
favorisera la conservation des glands ou la reprise des
arbres ; il sera alors bon de la pratiquer et on la fera
à la charrue.

Cette culture, en tous cas, ne doit jamais être profonde ; elle ne devra jamais atteindre le sous-sol, le
soulever et le mêler à la terre végétale de la surface.
Elle aurait alors le double inconvénient de favoriser
l'enfoncement des racines et de mélanger à la couche
arable une portion de terre tout à fait réfractaire à la
culture.

Sur ce terrain ainsi préparé, ou n'ayant subi aucun
labour préalable, il convient maintenant de disposer

les arbres les mieux appropriés au but que l'on se propose.

Ici, la chose est plus complexe, car il faut faire le choix des arbres, puis le choix du procédé le plus favorable à leur parfaite venue.

Les arbres qui favorisent la venue de la Truffe sont nombreux, puisque M. Chatin n'en compte pas moins de trente-neuf ; le choix semble difficile. Il est tranché, en pratique, parce que les espèces réellement utiles sont limitées. On pourrait même dire qu'on ne se sert que du Chêne, si, dans quelques truffières du Périgord, le Noisetier, et le Pin dans le Midi, n'avaient reçu droit de cité.

On peut dire, en parlant des Chênes, que toutes les espèces sont favorables à la production de la Truffe, et le sont, plus ou moins, suivant les conditions dans lesquelles ils sont plantés. Mais il est incontestable que, dans une région donnée, le meilleur Chêne à propager sera celui qui y donne déjà des Truffes. Ce n'est point dire qu'il existe des espèces truffières et d'autres qui ne le sont pas ; qu'il y a des Chênes truffiers et des Chênes non truffiers. Mais il y a des Chênes qui, dans une région déterminée, semblent favoriser mieux que d'autres la production de la Truffe : ce sont les arbres qu'il faudra choisir.

Les espèces de Chênes que l'on cultive en France, ou qui y poussent spontanément, se divisent, tout d'abord, en deux grandes classes, ceux à feuilles caduques et ceux à feuilles persistantes.

Le grand Chêne, — le Chêne noir ou le Chêne blanc, suivant le pays, — font partie de la première catégorie ; dans la deuxième entrent le Chêne yeuse et le Kermès. Les uns et les autres sont producteurs, mais se plient plus ou moins bien à certaines conditions d'exposition, d'altitude ou de climat qui les font, suivant les cas, ou rejeter ou choisir.

C'est ainsi que le Chêne à feuilles caduques sera préféré pour les climats froids, pour les lieux élevés, pour les pentes plus sujettes à être gelées pendant l'hiver.

Le Chêne yeuse s'accommode mieux des côtes méridionales, et, dans certaines contrées, il tend à se substituer aux Chênes à feuilles caduques comme producteur de Truffes.

On reproche à ceux-ci leur croissance trop rapide, qui nécessite des élagages prématurés et amène très vite du couvert. L'Yeuse, au contraire, à croissance plus lente, reste longtemps un petit arbre, ne projetant pas autour de lui une ombre étendue, et il est longtemps truffier sans qu'on ait beaucoup à s'occuper de lui.

Un Chêne étant donné, il peut être utile ou seulement intéressant de savoir quelle est sa place dans la classification, quelle peut être sa valeur truffière dans des conditions de terrain connues.

Le tableau suivant permettra d'arriver facilement au nom du sujet qu'il importe de déterminer :

Feuilles caduques.	Fruit pédonculé.	Feuilles glabres en dessus et en dessous.	Pédoncules de 3 à 5 centimètres. . . . *Quercus peduncutata* ([1]).
		Feuilles pubescentes en dessous.	Pédoncules de 5 à 6 millimètres ; feuilles pubescentes en des-sous; glands moyens. *Q. peduncul. pubescens.*
			Pédoncules 1 à 1 1/2 centimètre ; feuilles pubescentes sur les nervures; glands petits. . . . . . . *Q. semi-peduncul.* ([2]).
	Fruit sessile.	Feuilles adultes glabres dessus et dessous.	Feuilles grandes, lon-guement décurrentes sur le pétiole ; limbe, sinué mais non pro-fondément lacinié. . *Q. sessiliflora nigra* ([3]).
			Feuilles très petites ; glands très petits, très sessiles, très ronds. . . . . . . *Q. nigra sessil. glabra.*
		Feuilles adultes pubescentes (1 à 2 glands.)	Feuille à limbe décur-rent d'un côté, émar-giné de l'autre. . . *Q. nigra sessil. pub.* ([4]).
			Feuille émarginée sur les deux bords; glands étranglés au bout . *Q. sessiliflora pubescens.*
			Feuilles très profon-dement sinuées et profond. dentelées. *Q. sessiliflora laciniata.*
			Glands en bouquets de 5 à 6. . . . . *Q. sessil. magna pubes.*
Feuilles persistantes épineuses.			Maturation annuelle des glands ; feuilles glabres en dessus, tomenteuses en dessous. . . . . *Quercus ilex.*
			Maturation bienne ; feuilles glabres dessus et dessous. . . . . *Quercus coccifera.*

1 Chêne blanc, Secondat, pédonculé, Ravelin, Gravelin ; Chêne à grappes, vient dans les sols frais. Ses feuilles sont à caducité plus pré-coce et plus grande que celle du *Quercus robur* ou Rouvre ([3]).

2 *Q. pubescens* β *pedunculata.* — Glands plus arrondis que ceux de ([1]),

Toutes les espèces de Noisetiers sont favorables à la production de la Truffe et on peut les planter indistinctement. Mais le Noisetier a l'avantage de donner, en même temps, un fruit assez recherché par le commerce et il est avantageux de planter l'espèce qui — étant bonne truffière dans la région où l'on se trouve, — donne également le fruit le plus apprécié. La noisette ronde, l'aveline rouge, sont les plus estimées. On les choisira donc de préférence quand on voudra faire entrer quelques Noisetiers dans les truffières de Chênes.

Quant au Pin, dont quelques propriétaires paraissent se louer, sa propagation, comme truffier, n'est pas désirable, car les tubercules qui viennent à son pied ont un goût légèrement résineux qui les fait moins apprécier.

Le choix de l'arbre étant fait, et que l'on se soit arrêté à une seule espèce ou au mélange de plusieurs espèces, les circonstances dans lesquelles on opère

---

avec pédoncules de 1 à 4 centimètres. Vient dans les lieux frais et ne donnerait pas de Truffes, d'après M. Chatin (?) Son port est élancé. Chêne blanc du Loudunois.

[3] *Q. robur.* — Rouvre, Chêne noir, Durelin ; terres saines et sèches. Croissance plus rapide et tige plus droite. Moins truffier, d'après M. Chatin.

[4] *Q. pubescens*, de Wild ; *Q. robur* δ *lanuginosa*, Lem. et Decaisne, *Q. sessiliflora* β, Smith. — Chêne gris, Chêne noir du Périgord et du Poitou ; Chêne blanc de Provence. Serait, d'après M. Chatin, truffier à l'exclusion du Rouvre ([3]), dont il différerait par sa croissance plus lente, par sa tige plus tortueuse et plus courte, restant longtemps buissonneuse.

peuvent imposer un mode particulier de peuplement. Le semis ou la plantation sont les deux moyens en usage. On a le plus souvent le choix entre les deux, mais, dans certaines conditions, on n'est plus libre, et c'est à l'un ou à l'autre qu'il faut se recommander.

Le semis de glands peut se faire à deux époques : au milieu de l'automne, en octobre, ou en hiver en fin janvier.

Dans le deuxième cas, il nécessite la conservation des glands par la stratification, car les glands s'altèrent très vite.

Les glands récoltés en octobre, au moment de leur maturité, sont pris parmi les plus gros et les mieux nourris, et choisis, de préférence, sur des sujets ayant fait leurs preuves comme truffiers.

Le semis se fait directement sur place par *raies* ou *sillons* et par *trous* ou potets. Au sillon, on les sème sur deux raies adjacentes à 5 centimètres de profondeur et plus ou moins serrés, suivant que l'on veut obtenir une haie ou des arbres espacés les uns des autres.

L'espacement des arbres varie suivant l'espèce de 1 à 3 mètres. L'espacement des lignes varie de 3 à 6 mètres, suivant l'espèce et suivant la région. En Vaucluse, on adopte 6 mètres pour les Chênes blancs, un peu moins pour l'Yeuse.

Les forestiers, qui ont plus en vue la production du bois que celle des Truffes, sèment un peu plus serré et ils sèment au sillon *dans deux raies* pour dépister les rats qui sont très avides des glands.

Bien que le choix du terrain soit pour beaucoup dans la réussite, il n'en faut pas moins faire subir une sélection très rigoureuse aux glands, qui doivent être pris parmi les meilleurs, les plus beaux et les plus sains. La quantité employée variera de 1 à 2 décalitres 1/2 à l'hectare, suivant le degré d'espacement les plants entre eux et des lignes de plants entre elles.

Au lieu de semer au sillon, on peut se servir de la pioche et semer en *trous* ou *potets* qui devront avoir aussi un espacement proportionné à l'espèce de glands que l'on sème.

Les potets peuvent aussi être disposés en quinconce, mais cette disposition est moins avantageuse, en ce sens qu'elle laisse entrer moins de plants dans un espace donné, et qu'elle ne permet pas aussi facilement les cultures nécessaires dont les Truffes ont besoin.

Ces potets se font très facilement. Il suffit de relever une portion de terre d'un coup de pioche. Dans l'entre-bâillement ainsi produit on jette dix à douze glands. La pioche est retirée, la terre retombe et les glands sont suffisamment recouverts.

Il est d'une bonne pratique, quand on se sert de potets, de n'y jeter les glands qu'après les avoir préalablement bien divisés avec de la terre sèche et fine. De cette façon ils s'éparpillent mieux et ils sont bien moins accessibles aux rats qui les trouvent facilement et les mangent tous quand ils sont en bloc. En potets il faut environ 2 doubles décalitres et demi de glands pour 1 hectare. Mais s'ils sont bien divisés 1 double décalitre suffit.

Si l'on ne peut semer en octobre, il faut semer à la fin de janvier. Il est alors nécessaire de conserver jusque-là les glands, dont la germination est toujours hâtive, et de les disposer de telle façon que la petite plantule à laquelle ils ont donné naissance n'ait pas à souffrir pendant le délai qui sépare la récolte du semis.

On y arrive par la stratification, c'est-à-dire par la disposition des glands en couches superposées, séparées par de la terre. En aucun cas il ne faut laisser les glands éparpillés sur le sol. A terre, ils germeraient tout de suite. Dans un appartement ils seraient rapidement secs.

La stratification se fait dans une cave, dans un appartement peu éclairé. Les glands y sont disposés en meule. Cette meule est formée de couches de glands séparées par des couches de terre fraîche dans laquelle les plantules s'étalent à mesure qu'elles sortent du gland et qu'elles se développent. Un excellent procédé consiste à se servir d'un tonneau, posé debout, et dont on a enlevé le fond supérieur. Les glands y sont statifiés par couches avec de la terre. En janvier, quand le moment du semis est arrivé, le tonneau est transporté sur le lieu même du semis; les cercles supérieurs sont enlevés; les douves s'écartent et il est alors très facile de prendre un à un et sans dommage les glands avec leur petite tigelle et de les mettre en place, dans les trous ou les sillons qui les attendent. Il est entendu que les meules à stratification, pas plus que le tonneau, ne seront *jamais touchés*, jusqu'au moment du semis.

Le semis direct et sur la place même où les Chênes devront former plus tard la truffière constitue le procédé de création le plus facile et le plus économique. Employé en octobre, il permet d'utiliser les glands au moment même de leur récolte, ce qui est la condition la meilleure pour leur germination. Il présente un inconvénient en ce sens que les glands restent exposés une partie de l'hiver aux intempéries et aux ravages des rats et des mulots qui en détruisent une certaine quantité. Les lignes d'arbres sont plus tard incomplètes et les *manquants* y sont nombreux.

Mais il est des occasions où le semis, même fait en janvier, avec des glands stratifiés, est impraticable. Il faut alors recourir à la plantation. Cela se produit, par exemple, dans les expositions où le sol gèle et dégèle facilement. Les tigelles, soulevées par les mouvements de terrain que produisent ces diverses alternatives, restent quelquefois comme suspendues en l'air et se dessèchent.

Pour obtenir des plants, il faut établir une pépinière chez soi ou s'adresser au commerce. De toute façon, l'établissement d'une pépinière procure des avantages nombreux. Le revient du plan est moins cher, on sait toujours à quels plants on a affaire et on peut choisir, dans le nombre, les sujets les plus vigoureux et les mieux venus.

Pour établir une pépinière, on sème des glands dans un terrain approprié et susceptible d'être arrosé quelquefois. Les glands frais ou stratifiés sont placés de 25 à 30 centimètres les uns des autres. Au bout de deux ou trois ans on les met en place. On observe pour cette mise en place les mêmes soins que pour les semis, c'est-à-dire que l'on plante en lignes tous les 1, 2 ou 3 mètres et que l'on place les lignes de 3 à 6 mètres l'une de l'autre, suivant l'espèce et suivant la région.

Dans le Midi, où la végétation est activée par le climat, on plante généralement assez espacé et la limite de 3 mètres par arbre et de 6 mètres par ligne est la limite ordinaire.

Dans le centre les plantations sont faites un peu plus serrées. On y craint moins cette poussée vigou-reuse des arbres qui amène de l'ombre et nécessite assez vite des élagages. Mais, en tout état de cause, il vaut mieux procéder par plantations un peu serrées. Comme tous les arbres qui viennent, soit de graines, soit de plants, ne sont pas tous producteurs et qu'il faut de toute nécessité procéder à des élagages, mieux vaut les faire porter sur les pieds qui ne sont pas devenus truffiers.

D'autre part, les élagages faits à propos permettent toujours d'éclaircir les plantations, dans la mesure nécessaire, et on aura toujours le produit du bois enlevé, ce qui n'est jamais un mince profit.

La plantation ne devra se faire qu'avec des sujets de 2 à 3 ans, *dont la racine pivotante aura été enlevée;* les.pieds reprennent facilement à cet âge.

Cependant, si, pour des raisons particulières, on n'avait pu planter un terrain que fort tard et si on était impatient de le voir produire, on pourrait à la rigueur le planter de pieds de 4 à 7 ans. Mais alors la reprise est plus difficile, les manquants sont nombreux, les plants qui viennent n'ont pas d'entrain, de telle sorte qu'il faut toujours se tenir, quand on le peut, aux plants de 2 à 3 ans.

L'espacement donné aux arbres, dans les semis ou dans les plantations, est nécessaire à bien des points de vue. Il prévient l'épaississement de l'ombre et la formation du couvert quand les rameaux s'atteignent d'un arbre à l'autre, mais il permet aussi tous les travaux de culture et d'entretien dont les arbres ont besoin pendant les premières années. Ces cultures consistent en binages ou en labours si les truffières sont trop étendues et les binages impraticables.

Le binage se pratique, d'une manière générale, sur tout le champ complanté ou seulement autour du pied des jeunes plants. Le binage général est préférable au binage limité, mais il est plus dispendieux. Aussi le second lui est-il presque toujours substitué. En le pratiquant, il faut avoir soin de ne pas circonscrire l'arbre par un fossé le séparant du reste du champ, il faut au contraire éviter toute solution de continuité qui empêcherait les racines superficielles de se former et de s'étendre. Alors ce seraient les racines profondes et pivotantes qui prendraient les devants et pousseraient. Ces racines sont inutiles et plutôt nuisibles à la production des Truffes.

Quant aux labours, ils doivent être très superficiels ; on les faits à l'araire, dont le soc entame à peine la croûte du sol.

Les labours ne s'exécutent que tout auprès des pieds ou dans tout l'espace intermédiaire aux lignes de plants ; plus ils sont étendus, plus ils sont généralement favorables.

Les travaux ainsi exécutés sur les truffières, après la plantation ou le semis, ont des avantages nombreux. Ils débarrassent le sol des mauvaises herbes ; ils facilitent la pénétration de l'air et de l'humidité ; ils enfouissent les feuilles tombées des arbres et favorisent leur transformation en humus ; ils retournent dans le sol les couches superficielles qui ont reçu pendant des mois l'action de la lumière et de l'oxygène, et ils favorisent de la sorte l'accès, auprès dés racines, de tous les éléments qui doivent servir à la nutrition des cépées.

Mais en apportant aux racines les éléments qui leur sont indispensables, ces cultures ne doivent pas être assez profondes pour les atteindre ; elles doivent rester superficielles, se borner à ameublir la terre au-dessus d'elles et ne jamais les couper. Ces différents travaux s'exécutent d'une manière facile, dans les plantations convenablement espacées, et ils sont également applicables aux truffiers disposées en *haies*, c'est-à-dire dont tous les arbres d'une même ligne se touchent presque.

Ces truffières, qui sont communes dans Vaucluse, sont le plus souvent formées d'Yeuses dans lesquels on entremêle des Chênes blancs et quelquefois des Kermès. Elles forment, par leur disposition, des lignes facilement exploitables sur leurs deux faces, et dont l'écartement permet des cultures intercalaires et des labours très faciles.

L'espacement n'est pas seul nécessaire à de bons travaux. La direction des lignes d'arbres, leur orientation, ne sont pas indifférentes à la bonne exécution de ces travaux et aussi aux arbres eux-mêmes par la distribution plus ou moins grande de lumière qu'elles permettent. Dans les terrains dont la pente est très modérée, on oriente en général les lignes du nord-est au sud-ouest, et, dans nos pays méridionaux, cette orientation est rationnelle, en ce sens, que les lignes ne sont pas prises d'enfilade par le mistral, et qu'elles se protègent en quelque sorte les unes les autres. Dans les terrains abrités et quand l'orientation n'est pas indiquée par une inclinaison naturelle du sol, — car il faut toujours planter perpendiculairement à la ligne de grande pente, — on oriente du nord au sud.

Alors les lignes, —surtout quand elles forment des

haies, — sont baignées sur leurs deux faces et successivement par les rayons du soleil, ce qui est une condition éminemment favorable à la production.

Les divers travaux que je viens d'énumérer constituent les soins que doivent recevoir les plantations
ou les semis de bois truffiers, pendant les quatre ou
cinq premières années, et avant toute production. Mais
vers quatre ou cinq ans, une opération devient parfois indispensable, c'est le *recepage* de quelques-uns
des pieds, de ceux surtout qui ont de la tendance à
se déjeter ou à rester rabougris.

Les pieds de quatre à cinq ans ont alors de 25 à
50 centimètres de hauteur et de 8 à 10 millimètres
de diamètre. On les coupe au raz du sol, souvent un
peu au-dessous de la surface. Il repousse alors une
tige droite, vigoureuse, lisse et dont l'écorce, plus
uniforme et plus élastique, se prête mieux à la croissance régulière du nouveau sujet.

Le recepage, limité au redressement des sujets tor-
tueux et malvenus, est une opération utile. Il amène
en définitive un peuplement dont toutes les parties
sont devenues régulières. Il vaut mieux que le recepage général appliqué autrefois indistinctement à tous
les jeunes sujets. Dans ces conditions, le recepage
avait souvent pour résultat de retarder la production
truffière qu'il peut favoriser au contraire, quand il est
appliqué dans des conditions différentes.

Après le recepage, et pendant que les plantes refor-
ment leurs tiges, on continue à leur donner les mêmes

soins de culture que j'ai mentionnés, et on les conduit ainsi jusqu'au moment où les premières Truffes se montrent.

Mais ces soins sont dispendieux, et on s'est ingénié pour les réduire. Les uns, se bornant aux frais de premier établissement, ont tout simplement laissé venir à l'aventure leurs plantations ou leur semis; d'autres ont cherché à abaisser, par le produit de cultures intercalaires, les frais de travaux d'entretien qu'ils trouvaient indispensables, malgré leur prix, à la production plus abondante et plus hâtive des Truffes.

L'abandon des semis ou des plantations à eux-mêmes semble, à première vue, moins onéreux. Mais en réalité il occasionne, par la non-venue ou la non-reprise des plants, un déchet considérable et une perte plus élevée peut-être que la somme d'argent qui eût été nécessaire à leur entretien.

Quant aux cultures intercalaires, elles ont l'avantage de ne point compromettre l'avenir des truffières, mais elles rendent quelque chose en ne laissant pas improductifs pendant des années les interlignes des arbres.

Pour les cultures intermédiaires, on emploie le Blé, le Seigle, l'Orge, le Sainfoin, la Luzerne, dont le revenu paye au moins la dépense du travail. Pour des raisons que je n'ai point pu connaître, les truffiers redoutent l'Avoine dont l'action serait, disent-ils, funeste aux truffières.

La culture de la Vigne a été conseillée. Je suis moins

sûr que le conseil fût donné et mis en pratique, aujourd'hui où le problème de la reconstitution des vignobles se dresse avec toutes les inconnues et tous les aléas que les Vignes américaines, — les seules possibles, — nous ont réservés.

Puis vient la question de prix, et ce qui pouvait ne pas être un obstacle à l'emploi des Vignes françaises en devient un, et des plus grands, quand les Vignes d'Amérique sont en question.

J'ai vu, toutefois, — et je ne rapporte le fait que pour son originalité, — employer la Vigne française, mise en boutures dans les interlignes et au milieu des plants, pour détourner d'eux la dent des moutons. Ceux-ci vont naturellement à une proie plus facile et plus tendre. Bien que le rabassier très expert auteur de ce procédé de défense s'en louât beaucoup, je ne le recommanderai pas, car il faut pour le mettre en pratique un peu d'argent, — que le paysan n'aime pas à dépenser, — et surtout beaucoup de temps qu'il ne faut pas l'exposer à perdre.

Quoi qu'il soit de l'usage de la Vigne aux fins que je viens d'énoncer, il n'en reste pas moins que les jeunes plants, venus de repiquage ou de semis, doivent être défendus, contre le parcours des moutons, jusqu'à l'âge de huit à dix ans où ils sont assez vigoureux et assez durs pour se défendre eux-mêmes. Dans les petites exploitations et dans le Midi, une clôture continue de Kermès constitue, au bout de quelques années, une enceinte bien défendue par les feuilles épineuses de la plante. Dans le Nord, des haies d'Aubépine peuvent amener le même résultat, mais l'Aubépine n'est pas truffière comme le Kermès.

Les opérations et les soins que je viens de décrire s'appliquent aux truffières jusqu'au moment où des places se dénudent, se dessèchent ou se *brûlent*, auprès des pieds, et annoncent que les Truffes sont proches. Les cultures intercalaires, — sauf celles de la vigne, quand elle a réussi, — sont alors abandonnées et les soins d'entretien sont seuls continués.

Les binages très légers, les labours superficiels pratiqués une seule fois, en avril ou au commencement de mai, restent les seuls travaux de culture donnés aux truffières. Mais ici, plus encore que sur les truffières en préparation, ces travaux ne doivent intéresser que la surface et ne jamais toucher aux racines. Trop profonds, ils les remuent, les soulèvent et les déchirent. Ce sont là de mauvais traitements dont les truffières supportent toujours les conséquences. Il faut donc se borner à gratter la terre, à la niveler sur les places qui ont été fouillées et où la terre est encore déjetée sur les bords.

En dehors de ces façons données au sol, les arbres eux-mêmes ont à subir parfois des opérations indispensables. Jusqu'à ces derniers temps, le recepage plus ou moins généralisé était la seule opération que l'on se permît de leur appliquer, et encore n'était-ce jamais après quatre ou cinq ans, — c'est-à-dire quand ils n'étaient pas truffiers, — qu'on la leur faisait subir.

Mais, à partir du moment où ils commençaient à donner des Truffes, toute entreprise sur les arbres était sévèrement proscrite [1]. On avait remarqué, en effet, que toute mutilation d'arbre, que tout enlèvement de branche, avait pour résultat immédiat la suppression d'une truffière existante ou l'ajournement indéfini des truffières attendues. Les arbres étaient donc abandonnés à leur croissance naturelle et la taille n'intervenait jamais pour leur imprimer une direction voulue.

Le principe de la *non-intervention* est moins absolu aujourd'hui, et l'observation plus attentive des conditions qui favorisent la production des Truffes a permis de déterminer les cas où une taille très discrète pouvait être pratiquée avec avantage.

Cette taille peut être appliquée sur le sujet jeune et non producteur encore, ou sur le sujet déjà vieux truffier.

Elle se propose de modifier la direction du système radiculaire des arbres en imprimant aux branches qui lui sont liées d'ordinaire des orientations déterminées.

C'est ainsi qu'on s'oppose à l'extension des branches

---

[1] Il résulte d'une note qui m'a été fournie par M. de Rouville, inspecteur adjoint des forêts à Carpentras, que le recepage a pu être pratiqué en 1886 sur *de très jeunes sujets porteurs de Truffes* sans suspendre la production. Dans tous ces cas, la portion feuillée des arbres était peu considérable et la poussée de l'année suivante la ramenait au point où elle se trouvait quand elle avait été coupée. En cet état, l'équilibre entre le système aérien et le système radiculaire était rapidement rétabli, et c'est sans doute la raison pour laquelle la production truffière n'a pas disparu.

verticales et de cime, qui commandent les racines pivotantes ; qu'on favorise la venue des branches horizontales ; qu'on élaguera les branches centrales trop touffues et qu'on amènera l'arbre à la forme d'un pain de sucre, à base un peu convexe, reposant par sa pointe sur le sol.

De cette manière, la lumière et l'air circuleront facilement entre les branches et viendront baigner, jusqu'au pied de l'arbre, tout le sol environnant.

Mais cette taille a besoin d'être faite avec tous les ménagements que j'ai déjà dits, et mieux vaudrait s'en abstenir que d'en abuser. On s'en abstient, du reste, dans les reboisements forestiers, parce que les forestiers visent plus la production du bois que celle de la Truffe, et aussi parce que l'Administration devrait exercer une telle surveillance, et ceux qui pratiqueraient l'opération, une telle habileté, que, si la question des reboisements devait se compliquer de ces conditions nouvelles, elle courrait le risque d'en être fort compromise.

Or, les reboisements répondent à des nécessités d'un ordre si impérieux, lorsqu'ils sont entrepris contre les inondations, par exemple, qu'ils ont besoin d'être dégagés de tout ce qui peut porter une entrave à leur extension. On les exécute d'abord pour eux-mêmes, en vue du but principal qu'il importe d'atteindre. Si, de leur exécution, il résulte quelque autre avantage dont on puisse tirer parti, on en profite, mais on ne subordonne jamais à ce profit accessoire la conduite que nécessite l'intérêt primordial que l'on poursuit.

Bien que, dans Vaucluse, la préoccupation des forestiers soit la production du bois, la Truffe joue cependant un rôle si important, dans le rendement des forêts, qu'elle est devenue la préoccupation des particuliers, et que le désir de la multiplier est pour eux l'agent le plus actif du reboisement.

Le reboisement et la trufficulture sont donc corrélatifs et les deux termes sont, dans l'état présent, si indissolublement liés l'un à l'autre que, si le reboisement ne répondait pas déjà à des exigences d'un autre ordre, — dans lesquelles le régime des eaux et la défense contre les inondations tiennent la première place, — il s'imposerait, dans certaines régions, *par la Truffe et pour la Truffe.*

Aussi les reboisements trufficoles ont-ils pris, dans ces dernières années, une importance extrême, chez les propriétaires surtout.

Il n'est pas aisé de faire la statistique des surfaces reboisées par les propriétaires, mais on arrive mieux à faire celle des reboisements exécutés dans les forêts communales ou dans celles de l'État, au moyen des documents possédés par l'Administration forestière.

C'est que, si l'Administration vise surtout le peuplement des forêts pour le peuplement lui-même, elle ne peut cependant se désintéresser de la production truffière, à raison de la tutelle qu'elle exerce, en quelque sorte, sur les communes, au point de vue de la surveillance et de la direction de leurs propriétés forestières et des revenus qu'elles en retirent.

Elle intervient, en effet, et d'une manière directe, dans la question de la production des Truffes par l'amodiation des parcelles, par le choix, la distribution et la délimitation des réserves forestières, par la vente et l'adjudication des coupes dont elle règle la révolution. C'est elle qui représente les communes dans les procès-verbaux d'adjudication, c'est à elle que revient, en quelque sorte, la conservation des truffières par la surveillance et la garde qu'elle fait exercer sur les forêts dont la police lui appartient tout entière.

Aussi, dans le midi de la France, dans le Vaucluse surtout, l'Administration forestière a-t-elle été l'agent du reboisement par excellence.

Grâce à elle, les pentes dénudées du mont Ventoux ont été peuplées d'essences appropriées, sous lesquelles de très nombreuses truffières se sont formées. L'importance de ces données est telle qu'il me suffira pour en donner un idée d'emprunter à un travail de M. le conservateur Grimblot la statistique suivante :

En 1876, le comptage des places truffières du mont Ventoux de Bédouin était de 7894. En 1879, il était monté à 25 463 et le prix annuel de fermage de ces places, qui avait été de 11 090 francs en 1877, est monté à 23 350 francs à l'adjudication de 1882.

Mais là ne s'est point arrêtée la progression, car, en

1887, d'après une très intéressante note que me fournit M. Bussières, inspecteur des forêts à Avignon, le prix d'amodiation s'est élevé encore pour Bédouin à 38 485 francs. Il est vrai que de 1862 à 1886 près de 2000 hectares y ont été reboisés.

La commune de Flassan, où le reboisement a été aussi très important, a suivi celle de Bédouin dans le rendement truffier ; le prix d'amodiation s'y est élevé successivement de 2700 à 8510 francs.

La production truffière n'a point suivi pourtant, dans tous les cantonnements de Vaucluse, la progression du reboisement, et cela tient, d'après M. Bussières, aux conditions dans lesquelles celui-ci a été souvent effectué. Pratiqué sur des clairières, c'est-à-dire sur de petits espaces restreints et resserrés entre les vieux peuplements de la forêt naturelle, ou sur de grands emplacements trop élevés, et mal exposés, le reboisement n'a pas toujours rencontré des conditions favorables à la production de la Truffe.

D'autre part, et sur certains points de l'arrondissement de Carpentras, par le fait de ce reboisement même, les forêts, suivant l'expression des rabassiers, se sont *remplies*. C'est-à-dire que les cépées se sont trouvées moins isolées, que les massifs des bois mieux surveillés se sont accrus, et dès lors la Truffe a diminué comme elle le fait toujours quand le couvert de la forêt s'est épaissi et étendu.

Elle a diminué aussi accidentellement et temporairement sur certains points de l'arrondissement d'Apt où les coupes parcourent depuis deux ans les cantons les plus fertiles. Mais toutes ces diminutions, dont la cause est tangible et qui confirment davantage la règle absolue de la relation de l'arbre avec la Truffe, il ne serait pas impossible de les combattre.

Les propriétaires qui n'ont pas les mêmes mobiles que l'Administration des forêts y remédient. Et c'est pourquoi l'élagage est d'une pratique courante chez le truffier qui tient plus aux truffes qu'au bois lui-même.

Je n'ai mentionné ici que le revenu truffier de deux des communes qui avoisinent le Ventoux. Si l'on ajoute à ces revenus celui donné par les bois exploités tous les vingt ans; si on y joint celui que les propriétaires, ayant reboisé pour leur propre compte, retirent encore de ces deux chefs, on voit que la Truffe est une source de richesse pour les habitants de contrées peu favorisées par la nature de leur sol, et que sa culture ne présente pas, en somme, de bien grande difficultés.

Elle n'entraîne pas non plus à des dépenses considérables, malgré l'intervalle de temps assez long qui s'écoule entre le semis des glands et la production des Truffes. Dans les cas où la réussite ne serait pas complète, le rendement ultérieur du bois est susceptible de compenser et au delà les dépenses que la création de la truffière peut avoir occasionnées.

Mais ces dépenses peuvent encore être atténuées. Pour l'Administration des forêts qui fait travailler des journaliers, qui traite à forfait et qui ne fait pas de cultures intercalaires, ces dépenses sont encore considérables. M. Grimblot les évalue de 32 à 62 francs par hectare, suivant qu'on est obligé d'employer la charrue, la pioche en lignes ou les potets, et il estime de 15 à 30 francs les travaux annuels d'entretien.

Pour le propriétaire, qui fait travailler à la journée, elles sont à peu de chose près égales. Mais pour le paysan, qui met lui-même la main à la pioche, et pour qui le temps n'est pas toujours de l'argent, la création d'une truffière, — à laquelle il consacre les journées perdues des mauvaises saisons, — n'entraîne pas beaucoup de frais.

Ces frais peuvent d'ailleurs être réduits par les cultures intercalaires, et ils le seraient davantage si les Vignes américaines pouvaient fournir une espèce peu chère et s'adaptant bien aux mauvais sols.

Dans l'exposé qui précède des moyens de créer et de reconstituer les truffières, si grand qu'ait été mon désir de ne rien omettre, j'ai dû cependant me borner. Mais à ceux que cette question intéresse les sources ne manquent pas. Les écrits de MM. Henri Bonnet et Grimblot, et surtout le très pratique et très complet *Manuel du trufficulteur*, que M. A. de Bosredon vient de publier à Périgueux, renferment à ce point de vue tous les renseignements désirables.

CHAPITRE X

Délai nécessaire à la production des Truffes dans la création des truffières artificielles. — Signes auxquels on reconnaît que la production truffière va commencer. — Hypogés précurseurs de l'apparition des Truffes. — Apparitions des bonnes Truffes. — Épuisement des truffières. — Causes qui les font disparaître. — Reconstitution des truffières.

Les auteurs qui ont écrit sur la Truffe et les *rabassiers* eux-mêmes ne sont pas tous d'accord sur la période de temps nécessaire à une plantation de Chêne pour devenir truffière. L'observation donne, en effet, des chiffres assez dissemblables, mais il ne serait pas difficile d'établir peut-être que, si les chiffres varient, ce sont les conditions dans lesquelles les observations sont faites qui sont elles-mêmes différentes, et qu'on trouverait certainement une règle un peu précise en les analysant et en les interprétant d'une façon convenable.

Le délai, quoi qu'il en soit, s'étend depuis six ans

jusqu'à dix et douze ans. Ce chiffre de dix ans est, du reste, celui que l'Administration regarde comme approchant plus de la vérité pour les reboisements faits en montagne et ne recevant plus aucun soin, depuis le semis des glands jusqu'à la parfaite venue des arbres et l'apparition des Truffes.

En plaine, dans les lieux bien exposés, dans les plantations qui reçoivent des soins directs, dans celles où une culture intercalaire oblige à des travaux de binage et de labours, à des mises d'engrais qui accélèrent la végétation des plantes, ce délai peut être abaissé vers six à sept ans. On a même cité des chiffres plus bas, mais le délai de six à sept ans est déjà rare.

M. Rousseau, pour lequel les semis doivent produire au bout de quatre ans, n'avait obtenu, à la septième année d'une plantation d'environ 4 hectares, que 13 kilogrmames et la production totale des sept ans n'avait été que de 32 kilogrammes.

Si l'on rapproche ces chiffres de ceux donnés par les auteurs, on verra que l'exploitation sérieuse des truffières ne commence guère avant un délai moyen de dix ans. Lors donc qu'il s'agira d'effectuer des plantations ou des semis et d'établir le compte des dépenses à faire, avant de récolter, c'est avec ce chiffre que l'on comptera.

Il est cependant des cas où des arbres plantés depuis plus de dix ans et quelquefois même depuis plus de vingt ans, ne sont pas encore devenus truffiers. Cela tient souvent à ce qu'au moment du repiquage des plants on a placé ceux-ci trop profondément dans la terre. Ce fait s'est présenté dans une plantation des Claparèdes, près d'Apt, appartenant à M. Jacques Agnel. Sur plus de 500 arbres, 350, plantés trop profondément, n'avaient rien donné encore au bout de 13 à 14 ans, alors que 125 produisaient déjà au bout de 8 à 9 ans. D'un autre côté, un semis de Chênes, fait au mont Ventoux de Flassan depuis 18 à 20 ans, n'a point encore donné signe de production, sans qu'on puisse trouver la raison de ce retard prolongé.

On peut cependant dire, en règle générale, qu'une plantation ou un semis de Chênes, faits dans des conditions convenables, demanderont un délai moyen de 10 ans, pour donner des Truffes.

Toutefois, avant les dix ans révolus, une plantation qui doit devenir féconde donne quelques signes d'activité, et manifeste, de quelque manière, qu'elle ne restera pas improductive.

J'ai déjà mentionné la mise en préparation qui se manifeste par la disparition progressive et l'extinction définitive des plantes ou des herbes sur les places qui seront ultérieurement truffières : c'est un indice précieux.

Il ne manque jamais dans les plantations primitivement gazonnées, dans celles qui reçoivent quelque culture intercalaire, car le dépérissement du gazon et des cultures s'accuse, dans ces conditions, d'une façon manifeste. Il en est autrement dans les plantations

entretenues, soumises à des opérations de labour qui
en font disparaître la végétation spontanée.

Quand le signe de la mise en préparation se montre,
on peut être assuré que les places sur lesquelles il
se manifeste entreront en production l'année suivante
ou tout au moins dans la deuxième année de l'apparition du signe. Mais cet indice n'est pas le seul et il
en existe un autre qui n'est pas moins certain, c'est
celui de l'apparition de certaines espèces de Champignons hypogés, dans les intervalles des lignes d'arbres, ou tout auprès de leurs pieds.

J'avais déjà remarqué ce signe en 1882 et quelques
truffiers l'avaient confirmé, lorsque j'en eus, en 1886,
une vérification absolue, dans les observations qui
me furent communiquées par M. Carle, de Villes.

Ce fut en parcourant une truffière en création, dans
le quartier de Croagnes, en compagnie de son propriétaire, que j'appris, pour la première fois, la valeur
de ce signe.

Le porc qui nous accompagnait se mit tout à coup
à fouiller le sol et à le parcourir en divers sens comme
s'il le labourait. Il dévorait rapidement une certaine
quantité de tubercules qu'il faisait sortir ainsi. Je
crus tout d'abord à une fouille de véritables Truffes,
mais le rabassier, fort au courant des habitudes de
sa bête, ne s'y laissait point tromper.

Cette manière de chasser n'était pas la bonne. Elle
s'adressait à des tubercules de très mauvaise qualité,
et, en l'espèce, c'était une collection de *Balsamia vul-*

garis que la bête extrayait du sol et dévorait en courant.

Ce *Nez-de-chien jaune*, comme l'appelait le rabassier, était pour lui un indice certain de la prochaine fertilité de la truffière.

Dans la note qu'il voulut bien me communiquer, Carle, de Villes, était plus explicite encore. A son avis, ce ne serait pas seulement le *Nez-de-chien jaune* qui serait le *précurseur* de la Truffe, mais encore le *Nez-de- chiennoir*, le *Nez-de-chien blanc*, le *Nez-de-chien rouge*.

Le Nez-de-chien blanc de Carle ne m'a pas été représenté. Quant aux Nez-de-chien noirs et rouges, ils répondent au *Rhizopogon luteolus* ou au *Melanogaster vaviegatus,* au *T. rufum* et quelquefois à l'*Hymenogaster citrinus,* Hypogés que l'on rencontre souvent, dans les truffières, mélangés aux bonnes Truffes.

Pour M. Carle le *Nez-de-chien noir (Rhizopogon* ou *melanogaster)* précède la bonne Truffe de un à deux ans. Le *Nez-de-chien blanc* n'en est pas aussi certainement ni aussi rapidement suivi.

Il convient d'ajouter que le signe fourni par les *Hypogés précurseurs* s'applique surtout aux créations venues de semis. En montagne, les bois vieux, en train de devenir spontanément truffiers, ne présentent pas habituellement le Nez-de-chien noir. En tous cas, s'il y existe, on a moins l'occasion de le constater, et ici, la dénudation des places truffières, en préparation, reprend toute sa valeur.

Les Hypogés, précurseurs des bonnes Truffes, ne se trouvent pas, en général, tout auprès des arbres, et ne sont pas profondément situés en terre.

Quelquefois, c'est presqu'à la surface qu'on les rencontre, à moitié recouverts de débris de feuilles, et c'est souvent le cas du *Rhizopogon*.

Le *Tuber rufum* vient à une profondeur plus grande. Quant au *Balsamia*, il est assez superficiel, dans les intervalles des rangées, assez loin des pieds.

Lorsque les animaux qui parcourent une truffière en préparation découvrent les tubercules que je viens d'indiquer, le *rabassier* est averti que les bonnes Truffes sont proches. Dès ce moment, on cesse les cultures intercalaires, et on traite la truffière en préparation comme on le ferait de la truffière en plein rapport, en ne lui faisant plus subir qu'un labour ou qu'un hersage très superficiels, au mois d'avril.

Les bonnes Truffes ne tardent pas alors à se montrer, et, dès ce moment, la production, soumise à certaines variations que j'ai indiquées, s'accroît d'une manière continue, à mesure que les diverses cépées entrent en scène.

Tous les pieds qui composent la plantation ne deviennent pas, en effet, simultanément producteurs, et c'est peu à peu que la production gagne et s'étend. Quelques cépées même, dans le nombre, ne porteront jamais de Truffes pour des causes absolument ignorées et bien qu'elles se trouvent souvent entourées d'autres cépées productives.

Après une période de fertilité variable que certains rabassiers regardent comme indéfinie, que M. Grimblot et l'Administration des forêts portent de 20 à 25 ans pour le Chêne vert, et de 25 à 30 ans pour le Chêne blanc, le rendement subit une décroissance très marquée. Elle est quelquefois subite, comme cela s'est passé en 1876 pour le quart en réserve des bois communaux de Monieux, du cantonnement de Carpentras.

Ce quart était peuplé d'un taillis de Chênes blancs de vingt-huit ans fort clairsemé, et il produisait des Truffes en abondance.

A un moment donné, la production déclina si rapidement qu'elle devint nulle et qu'il fallut, — en présence de ce cas de force majeure, — faire judiciairement annuler le bail qui ne devait se terminer qu'en 1877. La récolte pour *toute* la forêt, amodiée ensuite par voie de soumission pour la seule campagne de 1876-1877, fut adjugée 65 francs au lieu de 600 fr., et le nouveau bail conclu en 1877 pour une durée de cinq ans ne rapporta plus qu'une ferme annuelle de 70 francs.

Comme rien n'était changé dans les conditions du sol, du climat, de l'essence et que l'état *clairiéré* du peuplement était resté le même, on est porté à croire que cette décroissance rapide dans le produit était due au vieillissement des bois.

Cette explication du fait que je viens de rapporter, d'après l'autorité de M. Grimblot, a certainement une part de vérité : elle ne la contient pas tout entière, car le vieillissement des arbres n'est pas seul la cause de l'épuisement des truffières.

Un vieux Chêne existe près d'Aurel, canton de Sault, dont le tronc mesure environ $2^m,60$ de circon-férence et qui est âgé de trois cent cinquante à quatre cents ans. En raison de cette vieillesse avancée, les branches de cet arbre ne sont plus en proportion avec ses racines et quelques-unes sont tombées, réduites qu'elles étaient à l'état de bois mort.

Carle, de Villes, avait fait la connaissance de ce Chêne il y a vingt-cinq ans, et dans les premières années, il ne portait pas.

Quelques années plus tard, Carle reconnut une place truffière appartenant à ce Chêne et située de l'autre côté de la route au bord de laquelle il était planté. Cette truffière a produit pendant six ou sept ans, puis elle s'est arrêtée et elle ne donne plus rien depuis cinq ans. Cependant le Chêne existe toujours et la place de la truffière est restée marquée et elle est gazonnée en ce moment.

L'opinion de Carle est que le Chêne a produit, sur différents points et à différentes époque, puis s'est reposé un certain nombre de fois.

Ce que certaines personnes considèrent comme un épuisement des arbres, peut n'être ainsi qu'une pé-riode de repos, pendant laquelle l'arbre répare l'usure que l'extension et la propagation du mycélium truffier ont fait subir au chevelu de ses racines superficielles.

Si les observations que j'ai faites sont exactes, le mycélium chemine le long du chevelu, il le suit et il l'envahit à mesure qu'il se reproduit, de telle sorte que ce mycélium ne trouvant plus, à un moment donné, un support sur lequel il puisse se fixer, ne se développe plus et meurt.

Ce repos de l'arbre, au lieu d'être complet, n'est parfois que partiel, et l'arbre se repose sur un de ses points tandis qu'il reste truffier sur les autres.

C'est le cas des trois Chênes blancs du garde de Blauvac qui portent alternativement des Truffes quatre à cinq ans d'un côté, puis quatre à cinq ans de l'autre.

On peut dire enfin de certains arbres que leur repos dure autant qu'eux-mêmes, car, situés dans les mêmes conditions apparentes et au milieu d'autres arbres qui sont truffiers, ils ne le deviennent jamais.

Bien que certains auteurs aient nié cet épuisement, après une période de production allant de dix à vingt ans, il ne paraît pas contestable que cet épuisement existe, et le cas de la réserve des bois de Monieux en est un exemple entre cent.

Cet épuisement se fait sentir, à la fois, sur les truffières naturelles et artificielles, et souvent sur une vaste surface. En comparant entre eux les apports de Truffes faits depuis un grand nombre d'années, sur le marché d'une même région, on voit que ces apports ont subi quelquefois une diminution considérable. Le déficit frappe d'une manière uniforme sur un quartier

déterminé, et telle région qui apportait jadis au marché
d'Apt un millier de kilogrammes de Truffes par se-
maine, en apporte à peine aujourd'hui une centaine
de kilogrammes.

Le vieillissement des arbres, on le voit par les
exemples que je viens de citer, est insuffisant pour
expliquer tout le phénomène de l'épuisement.

Pour moi, en dehors de l'explication tirée de la
migration du mycélium sur les racines qu'il déforme
et qu'il use et qui ont besoin de se reconstituer, je ne
vois rien qui rende compte de ce phénomène que
chacun s'est mis en devoir d'expliquer, suivant l'école
à laquelle il appartient au point de vue de la genèse
de la Truffe.

Pour les uns, c'est la disparition de l'humus absorbé
par une longue série de récoltes; pour les autres,
l'ombre que le feuillage trop touffu projette loin autour du pied.

L'exemple tiré de la réserve de la forêt de Monieux
montre que cet argument ne porte pas et qu'il ne
vaut pas davantage quand il s'applique à l'épuisement
de cépées d'Yeuses, à peine grandes de 50 à 80 centimètres, vivant entièrement isolées et sans ombre.

Si donc le fait de l'épuisement est constaté, on
est loin d'être d'accord sur les causes qui le déterminent.

On peut cependant reconnaître qu'il n'est pas habituellement le fait d'un dépérissement quelconque des
arbres qui se montrent souvent, au contraire, mieux

portants et de plus belle venue que pendant la période de production.

Quand la disparition ou seulement la diminution des truffières est la conséquence d'une cause connue et de la nature de celles que j'ai indiquées, lorsque j'ai parlé de l'influence qu'exerçaient sur elles certaines conditions particulières, on peut, en s'adressant à cette cause et en la faisant disparaître, ramener le taux normal de la production.

Cette remarque s'applique surtout au cas ou les truffières se perdent sous l'influence qu'ont prise l'extension des branches, la persistance de l'humidité du sol.

Mais le plus souvent, la cause est hypothétique et alors la conduite à tenir, pour ramener la production des Truffes, ne relève plus que de procédés empiriques dont il est assez difficile de raisonner les effets.

Aussi vaut-il mieux prévenir l'épuisement que d'avoir à le traiter, et il est utile pour cela de ne négliger aucune des cultures et aucune des opérations qui peuvent en éloigner le terme. Planter un peu serré, receper les arbres mal venus, élaguer de bonne heure, faire disparaître les cépées improductives, éclaircir celles qui produisent quand elles sont trop serrées, *ne jamais toucher aux racines des arbres qui produisent,* sont autant de préceptes qu'il ne faut jamais négliger.

Mais si, malgré ces soins, l'épuisement se produit; si l'on n'a réussi qu'à éloigner l'époque à laquelle il se montre, il faut recourir pour le faire disparaître, aux moyens empiriques dont j'ai parlé tout à l'heure et au premier rang desquels est le recepage.

Le recepage des arbres supprimant brusquement et tout à coup la production des Truffes, chez ceux qui sont en plein rapport, on a quelque peine à s'expliquer comment il peut mettre en production les cépées qui ne le sont point encore et rendre de nouveau fertiles celles qui ne le sont plus.

Cette pratique a reçu cependant une certaine consécration de l'expérience, car elle est entrée dans les habitudes de l'Administration des forêts, en Vaucluse.

Autrefois, quand il était procédé à l'opération du *balivage* qui consiste à marquer les cépées auxquelles l'adjudicataire ne doit pas toucher, il était d'usage, en Vaucluse, de faire entrer dans les réserves et de compter comme *baliveaux* les arbres encore truffiers.

Comme ces arbres touchent, en général, au dernier terme de la révolution de vingt à vingt-cinq ans qui leur est assignée d'ordinaire pour être exploités, on les considère aujourd'hui comme devant être atteints par la loi d'épuisement et on coupe à blanc sans réserves.

On ne s'en trouve pas plus mal, du reste, car on a observé, en effet, que les Truffes disparaissaient assez vite sous les cépées réservées, pour qu'il y eut avantage à les conserver.

C'est comme conséquence de cette inutilité des réserves que certains trufficulteurs renoncent à éclaircir les cépées qui ont longtemps porté et qui s'épuisent. La suppression de quelques arbres ne relève pas, chez ceux qui restent, l'activité de la production.

Sur ce point, certaines expériences semblent décisives, et chez le truffier Jean Tarlan, de Villes, on a coupé puis arraché des lignes, — on a enlevé deux lignes sur trois, sans que la ligne restante s'en trouvât mieux. Puis, on n'a plus laissé que quelques pieds truffiers, mais cela n'a pas fait porter davantage aux pieds voisins qui se sont épuisés quand même.

Aussi, la pratique qui consiste à les éclaircir est-elle seulement appliquée aux bois qui entrent en production et qui, plantés ou semés en lignes serrées, ont besoin qu'on ménage, autour des pieds devenus truffiers, plus d'espace et plus d'air

C'est alors de préférence les cépées non truffières qu'on sacrifie, et leur suppression a le double résultat d'éclaircir le taillis et d'activer la production chez les sujets qui commençaient à peine à porter.

En dehors du recepage, on a essayé, pour remédier à l'épuisement des truffières, l'emploi de certains moyens que le raisonnement semblait indiquer comme devant avoir une action favorable. Il était naturel de penser que les engrais pourraient avoir une utilité là où l'arrêt de la production semblait avoir pour cause l'appauvrissement du sol et la disparition de l'humus.

On sait déjà que l'expérience s'est prononcée sur l'emploi des engrais et qu'elle les a reconnus plus nuisibles qu'utiles aux plantations en plein rapport. Il ne semble pas que, sur les truffières épuisées, leur emploi ait fait réformer ce jugement. Les engrais de ferme. répandus sur les truffières à reconstituer, n'ont rien donné. On a employé le son à Villes, sans résultat connu encore. M. Kiefer, sous-inspecteur des forêts à Uzès, avait indiqué le chlorhydrate d'ammoniaque comme n'ayant pas d'effet nuisible sur les truffières ni sur celles qui sont épuisées et il est impossible de rien préjuger et de rien conclure en dehors de l'expérience [1].

Cette inefficacité du traitement par les engrais ramène forcément à la pratique tout à fait empirique du recepage qu'il sera bon d'appliquer, toutes les fois que la chose sera possible.

Quand elle ne le sera point, quand le recepage devra s'appliquer par exemple à des taillis trop clairsemés et dont la remise en production, alors qu'elle sera obtenue, ne sera jamais suffisamment rémunératrice, le mieux est de remettre le terrain en bois ou en terre à culture, et, en tout cas, de ne recommencer une plantation ou un semis qu'après un repos suffisant.

Le recepage restant le seul moyen efficace et reconnu par la pratique de remettre en production des

---

[1] Dans le numéro 11 du 10 juin 1887 de la *Revue des eaux et forêts*, M. Kiefer rapporte que sa méthode aurait amené des succès pour la création de truffières au pied des Chênes qui ne produisent pas.

Des expériences entreprises à mon instigation par M. Grimblot, exécutées par M. de Rouville, et consistant en semis de terres ayant produit des Truffes ou contenant du mycélium truffier, n'ont encore rien donné.

cépées épuisées, ou de *faire partir* des cépées paresseuses, à quelle époque convient-il de l'appliquer.
Faut-il attendre que l'épuisement soit complet. Faut-
il l'appliquer aussitôt que se manifeste quelque signe
précurseur.

Le meilleur des signes précurseurs est sans con-
tredit la diminution continue et graduelle du produit,
en dehors de toute cause qui permette de l'expliquer,
comme le serait, par exemple, l'influence prolongée
de conditions climatériques mauvaises.

Ce n'est pas, en effet et d'ordinaire, d'une manière
brusque que cesse la production, bien que ce fait
ait été observé un certain nombre de fois. Mais, le
plus souvent, la disparition des Truffes est seulement
progressive et quelquefois elle est précédée par la
réapparition des Truffes dites sauvages.

C'est donc la persistance de la diminution du produit et la présence plus nombreuses des Truffes sauvages qui marqueront le moment où le recepage sera
pratiqué.

Ce recepage doit être soumis à de certaines règles,
à peine de compromettre le succès qu'on est en droit
d'en attendre. Il devra d'abord être exécuté à la saison
ordinaire où se pratiquent les coupes, de mai à fin
juin, et les arbres ne devront jamais être coupés à la
scie. L'action de cet instrument, à la base des pieds,
a pour effet d'oblitérer les vaisseaux, d'échauffer la
surface coupée par le va-et-vient de la lame, et de
s'opposer à un épanchement extérieur de sève que la

pratique a reconnu être nécessaire à la santé et au bon fonctionnement de la portion d'arbre restée sous terre.

Le recepage devra être fait à la hache et la coupe sera laissée en sifflet. L'écoulement de la sève se fait ainsi d'une manière facile; il ne s'effectuerait pas, et la sève se concréterait sur la coupe, si elle était horizontale.

Je viens de dire quelle est l'action du recepage sur les truffières épuisées ou paresseuses; il est moins facile de l'expliquer que de la constater.

On peut dire, cependant, sans s'éloigner trop d'une interprétation rationnelle, que c'est par l'intermédiaire de l'arbre qu'elle s'exerce. Il est probable que la répercussion, qui se produit sur les racines, a pour effet de faire pousser du chevelu nouveau sur les radicelles et que le mycélium trouve, dans la reconstitution du chevelu superficiel, un nouvel élément sur lequel il peut se propager.

Les truffières recepées ne se remettent en production ni dans l'année, ni l'année suivante, cela va sans dire, et il faut un certain délai pour que les Truffes réapparaissent. Ce délai est, d'ordinaire, de quatre ou cinq ans[1].

En se reconstituant, les truffières affectent la même marche qu'elles présentent lors d'un premier semis. Elles commencent à se montrer d'abord tout auprès du pied, puis elles s'en éloignent à mesure que l'arbre

[1] Voir la note de la page 224.

repousse et que sa tête se reforme. La croissance de l'arbre est, de son côté, subordonnée à l'essence à laquelle il appartient. Les Chênes blancs croissent trois fois plus vite que les Chênes verts, sans que la venue des Truffes soit plus retardée chez ces derniers que chez les premiers.

Pendant cette période de repos où l'arbre reconstitue sa tige et ses branches, et où son système radiculaire prend une extension nouvelle, le taillis doit être l'objet de soins particuliers. Le sol sera biné ou labouré superficiellement ; il pourra recevoir des cultures intercalaires qui auront le double avantage de donner quelque revenu, en attendant la Truffe, et de favoriser le développement des arbres par les engrais et surtout par les cultures que ces arbres recevront d'une manière indirecte.

CHAPITRE XI

La récolte des Truffes étant liée, d'une manière nécessaire, à leur maturation, se fait naturellement à des
époques différentes, suivant la variété de Truffes qui
est spéciale à une région donnée.

En Provence et en Périgord, elle a lieu, pour la
Truffe noire, d'octobre à fin avril ; pour les variétés de
l'*æstivum*, en mai et en juin en Provence, où elle n'est
qu'une récolte accessoire, et d'octobre à fin décembre,
en Bourgogne, en Champagne et en Franche-Comté
où elle constitue la véritable récolte.

La présence d'une truffière étant signalée, d'une
manière générale, par la disparition, à cette place, de
toute végétation spontanée, il semble tout naturel

qu'il n'y ait qu'à découvrir le sol, sur ces places mêmes, pour avoir la Truffe. Mais il n'est pas toujours facile de relever cette indication précieuse, notamment dans les sols dénudés d'ordinaire, ou dans ceux qui, mieux soignés, ne se gazonnent jamais. D'autre part, la dénudation peut ne marquer qu'une place en préparation encore, et, en tous cas, si sûre que soit l'indication d'une place truffière, il faut y relever encore la place de la Truffe, et c'est ici que les difficultés commencent.

Au nombre des indications, sûres aussi, mais qui laissent, au point de vue de la pratique, beaucoup à désirer, sont celles qui sont fournies par le développement de la Truffe elle-même, et par les modifications qu'elle imprime à la surface plastique du sol. La pésence des insectes tubérivores est également un signe fort précieux et on peut, en s'aidant de ces divers indices, chercher les Truffes à la *marque* ou à la *mouche*.

Quand une Truffe se développe et s'accroît, à une petite profondeur au-dessous du sol, elle le soulève légèrement en produisant à la surface une *fente*, une *fissure*, une *gerçure*, une *écarte* qu'on appelle vulgairement la *marque*.

C'est en général à la fin d'août, en septembre, en octobre, après les dernières pluies d'été, qu'apparaît la *marque*. Sous l'influence de ces pluies, les Truffes grossissent rapidement et comme la terre, en se ressuyant, a *fait croûte*, elle se fendille.

Les truffiers de profession sont fort habiles dans la recherche de ces fentes, qu'ils ne confondent jamais avec les fissures occasionnées par la dessiccation, mais ils ne s'en servent pas pour récolter la Truffe qui, à ce moment, n'est jamais mûre et ne possède encore aucun parfum. Ils se bornent à les constater, et ils en tirent des pronostics plus ou moins favorables sur l'importance de la récolte future.

Mais les maraudeurs sont moins scrupuleux et la Truffe à la marque, bien qu'elle manque de saveur, leur est pourtant de bonne prise.

Les Truffes qui *marquent* sont, je viens de le dire, très généralement superficielles, et, la marque reconnue, elles sont faciles à trouver : il suffit d'écarter légèrement la terre avec la main, on arrive sur la Truffe qui est rarement à plus de 10 à 12 centimètres et souvent bien moins profonde.

Le moment le plus favorable à la recherche à la *marque* suit les dernières pluies d'été. Mais s'il pleut quelques jours après que les Truffes ont commencé à marquer, cette nouvelle pluie efface les fentes, elle nivelle le sol et le signe disparaît pour ne plus se reproduire. Ces pluies tardives n'ont, en effet, plus d'action que sur les Truffes profondes qui n'ont pas atteint tout leur accroissement, mais qui sont trop éloignées de la surface pour la soulever.

La *marque* peut se produire, en dehors des pluies, dans les terrains friables, en septembre et octobre, mais elle est alors assez rare.

Ce procédé est précieux pour les recherches d'é-
tudes. Il permet de découvrir les Truffes, là même où
le signe de la dénudation n'existe pas, et je l'ai souvent mis à profit pour étudier l'évolution de ces
tubercules. Mais, au point de vue de la récolte, ce
n'est point, malgré sa certitude, un procédé pratique,
car il ne permet de trouver que des Truffes non
mûres.

Le procédé de la *mouche* est tout aussi sûr que
celui de la *marque*, tout en étant plus pratique. Il est
applicable pendant une période plus longue et il permet de récolter la Truffe à sa maturité.

Il est basé sur ce fait, déjà signalé, que certains
insectes recherchent la Truffe pour y déposer leurs
larves, et que ces larves s'en échappent, à leur tour,
lorsque leur dernière métamorphose les a amenées à
l'état d'insectes parfaits.

Ces allées et ces venues, ces balancements rythmi-
ques que certains moucherons exécutent en chœur,
au-dessus des truffièees, avaient été observés depuis
longtemps : ils avaient fait croire que la Truffe n'était
qu'une galle.

Cette opinion est erronée ; mais il en est resté la
croyance que certaines mouches ont reçu la mission
spéciale d'indiquer à l'homme la présence souterraine
des Truffes. Il n'est pas rare, en effet, de trouver une
belle Truffe, saine et mûre à point, à l'endroit même
où une de ces mouches s'est abattue en tournoyant.

La recherche de la Truffe à la *mouche* demande une

grande habitude, et il faut longtemps pour familiariser l'œil à l'observation de ces insectes qu'il faut saisir à un moment donné de leur vol rapide. Cette chasse est du reste fort longue et elle n'est pas rémunératrice, car elle exige beaucoup de temps, en regard de la récolte qu'elle permet de réaliser.

Tous les jours ne sont pas bons à la sortie des insectes, car c'est la sortie qui est l'accident le plus commun, puis la vue est bornée par un horizon fort étroit et bien des mouches y échappent qui s'envolent loin de l'endroit d'où le truffier les observe et les guette.

Aussi cette chasse n'est-elle exercée que par des truffiers généralement misérables, hors d'état de se procurer un porc ou un chien, ou par les maraudeurs qui, traversant des truffières, marquent avec des pierres l'endroit d'où une mouche est partie pour le retrouver et le fouiller la nuit venue.

Par un soir ensoleillé d'hiver, j'ai assisté à une chasse de ce genre que pratiquait un pauvre diable possesseur de quelques lopins de truffières.

Ce malheureux était presque couché sur le sol qu'il creusait péniblement avec un mauvais couteau. De temps en temps, il ramassait une poignée de terre qu'il portait à son nez et qu'il flairait fortement, puis il reprenait sa fouille et sentait de nouveau la terre fraîchement extraite.

Pendant qu'il creusait ainsi, son regard interrogeait l'horizon, puis subitement il se dressait, allait poser une pierre sur un point voisin et revenait à sa fouille.

Pendant un de ses voyages, je me mis à creuser à sa place le trou déjà commencé et à flairer comme lui la terre extraite. Elle était imprégnée d'une forte odeur de Truffe, s'accentuant à mesure que la fouille se rapprochait davantage du tubercule que j'eus bientôt découvert. Le pauvre homme creusait ainsi moitié avec son couteau, moitié avec ses doigts, quelques hectogrammes de Truffes par jour, quand les jours étaient propices.

Dans le procédé que je viens de décrire, l'homme met à profit les instincts tubérivores des insectes et il se sert, le mieux possible, de leurs indications qu'il ne peut ni provoquer ni régler.

Ces insectes n'ont pas seuls, heureusement, le privilège d'aimer les Truffes, et parmi les animaux que l'homme a pliés à son service, quelques-uns possèdent, à un très haut degré, l'instinct de les découvrir.

C'est sur la mise à profit de ces qualités instinctives, sévèrement réglées par l'éducation, qu'est fondée la véritable recherche pratique de la Truffe. Elle s'exécute soit au moyen du porc, soit au moyen du chien.

Quand on emploie les animaux de race porcine, c'est au porc ou à la laie qu'on peut s'adresser, et c'est seulement une question d'économie qui décide le choix. La laie est un animal de produit, et c'est à raison des porcelets qu'elle donne à la ferme qu'on lui accorde la préférence, dans le Midi.

Le matin, après le lever du soleil, d'octobre à avril;

le soir, vers 2 heures de l'après-midi, le truffier précédé de sa bête s'achemine vers la truffière. Il est simplement armé d'un bâton ferré gros et court, avec un sac de grosse toile passé à l'épaule.

Une petite gaule flexible, dont il ne fait qu'effleurer l'animal, sert au truffier à le guider jusqu'à l'arrivée sur le terrain d'exploitation que le porc connaît très bien et sur lequel il entre avec entrain : la fouille commence aussitôt.

L'animal prend le vent, interroge un moment l'horizon, puis, d'une allure rapide, il marche le groin appliqué au sol qu'il flaire bruyamment et qu'il soulève en le bousculant. Tout à coup, le groin profondément enfoncé se relève et projette vivement la terre et les pierres qui roulent de part et d'autre ; un trou est creusé en un instant, au fond duquel est une Truffe. Devant elle, l'animal bien dressé recule et s'arrête. Il interroge son maître du regard. Il semble demander les quelques glands, les fèves, les pois chiches, le maigre morceau de pain qui sont sa récompense et qu'il dévore pendant que le truffier, armé de son pieu, soulève la Truffe et l'extrait. Ramené une deuxième fois sur la place fouillée, l'animal s'assure qu'il n'y existe plus rien et il va chercher plus loin.

Dans les truffières naturelles, où les places sont éparses et même clairsemées, le *rabassier* et l'animal sont exposés à faire ainsi beaucoup de chemin et à perdre beaucoup temps, car il est impossible de faire une exploration méthodique.

Pour remédier à cet inconvénient, certains truf-fiers très entendus marquent leurs places avec du lait de chaux. Ils n'ont plus alors qu'à parcourir, par la ligne la plus courte, un certain nombre de places dis-tribuées d'avance et dont l'exploration peut être ré-servée pour des jours déterminés.

Pareil inconvénient ne se rencontre pas avec les truffières artificielles, dont les arbres, disposés en haie ou distribués en ligne, offrent un parcours naturel et facile. Les arbres sont pris à la file, les haies sont explorées d'un côté puis de l'autre, et la recherche marche ainsi dans des conditions de rapidité et de succès que les truffières naturelles son loin d'atteindre.

La recherche par le porc se fait habituellement le matin, après le lever du soleil ou quelques heures après midi. On évite autant que possible le travail du milieu du jour, au soleil, très fatigant pour l'ani-mal. Après quelques heures le porc se ralentit, il marche la gueule ouverte et il ne veut plus alors tra-vailler : il faut, dans ces conditions, le faire reposer à l'ombre ou le rafraîchir dans l'eau pour qu'il puisse se reposer et se disposer à une fouille nouvelle [1].

Malgré ses apparences rudes et grossières, le porc est un animal très intelligent et impressionnable, et il met, à la recherche de la Truffe, une véritable passion.

---

[1] Le porc demande à être ménagé aussi au début de la campagne. Une longue stabulation lui a attendri les pieds ; il faut, sous peine de les lui meurtrir et de voir les sabots tomber, procéder à un entraînement qui refasse le pied de l'animal.

Lorsque les circonstances ne sont pas favorables, quand le vent souffle trop fort, lorsque les Truffes ne sont pas abondantes, que les recherches n'aboutissent pas à mettre au jour des produits de belle qualité, l'animal s'impatiente et ne veut plus se laisser gouverner. Il se démène alors en grognant, il court au lieu de chercher, et il faut le rentrer à l'étable.

Comme le porc cherche la Truffe par gourmandise et qu'il la mangerait, si on ne l'en empêchait, il est nécessaire de réprimer ces instincts par une éducation bien faite.

Les porcs ne se ressemblent pas tous par l'intelligence et ils ont, à des degrés divers, la finesse et l'acuité de l'odorat qui constituent les qualités principales qu'un bon animal truffier doit posséder.

Les qualités morales, si je puis m'exprimer ainsi leur sont aussi nécessaires : il faut qu'ils aient bon caractère. Quelques-uns sont méchants, entêtés, brutaux et rebelles à toute tentative d'éducation.

Les porcs peuvent donc pécher par le défaut d'intelligence. Ils peuvent n'avoir que des aptitudes moyennes, que des sens peu développés, qu'une éducation mal soignée, insuffisante et vicieuse; de là des différences extrêmement grandes chez les porcs employés à la recherche des Truffes. De là, le haut prix de ceux qui joignent, à des aptitudes naturelles très développées, une éducation parfaite.

Le sens de l'odorat possède, chez quelques-uns, une acuité vraiment surprenante. Il n'est pas rare, au cours d'une fouille, de voir un porc s'arrêter, prendre le vent, puis courir, droit et à fond de train, sur une Truffe située à 50 mètres qu'il soulève d'un coup de boutoir.

Ces exemples d'acuité de l'odorat ne sont pas rares et, tous les rabassiers en auraient à citer, s'il ne fallait souvent se garder du récit des exploits de leurs animaux comme il faut se garder quelquefois des véridiques histoires des chasseurs.

Toutefois, ces exemples expliquent la supériorité de certains animaux qui arrivent à faire une belle fouille là où, quelques heures auparavant, des sujets de même race ont été inutilement promenés.

La race à laquelle appartiennent les porcs n'a pas une grande influence sur leurs aptitudes individuelles, et les espèces propres à un pays, à la condition de n'être pas déformées et oblitérées par l'engraissement, sont les plus aptes à la recherche des Truffes de cette même région.

L'éducation commence avec le jeune âge de l'animal.

La jeune laie est conduite à la truffière, seule ou accompagnée d'une laie expérimentée déjà. L'éducation consiste non seulement à lui apprendre à sentir la Truffe et à la creuser, à ne point la manger, mais encore à fouiller avec méthode, à ne point s'emballer en courant, sans ordre, d'une truffière à l'autre.

Beaucoup de patience, quelques corrections, sont nécessaires pour atteindre ce résultat, et il faut surtout en user pour empêcher l'animal de s'approprier la Truffe qu'il a découverte.

On obtient en général d'une manière assez facile que l'animal, arrivé à la Truffe, s'arrête et recule pour que son maître puisse s'approcher et la prendre. Un coup du bâton ferré sur le groin, l'ouverture forcée des mâchoires avec le fer, le font s'arrêter et lâcher prise.

Au bout de quelques expériences, l'animal devient docile et ne s'expose plus à la correction. Une récompense est du reste absolument obligatoire, après chaque Truffe découverte, et l'animal la demande à son maître avec des jeux de physionomie réellement fort curieux.

L'éducation parfaite d'une laie demande encore assez de peine, et le prix d'un animal bien dressé est relativement élevé : il peut aller de 150 à 300 ou 350 francs.

La fouille par le porc est celle qui est le plus en usage. Elle utilise les facultés d'un animal dont Grimaud de la Reynière, reconnaissant qu'aucune de ses parties n'était négligeable et qu'il était entièrement bon, avait dit : « C'est un animal encyclopédique. » Mais cette fouille présente parfois certains inconvénients.

On peut l'utiliser en plaine où l'action du porc ameublit la terre et la retourne avec avantage. Mais sur les pentes raides, cette action est loin d'être bonne. L'animal, qui soulève la terre et la projette avec violence, s'acharne souvent contre les obstacles qui lui résistent. Les racines traçantes, qui sont la condition des truffières, sont soulevées et coupées au grand dommage de l'avenir.

Pour toutes ces raisons, par la dépopulation dont les porcheries étaient l'objet avant la découverte du microbe du rouget par M. Pasteur, la fouille au moyen du chien, — jadis l'apanage des maraudeurs, — est venue prendre sa place, à côté de celle du porc, et elle tend aujourd'hui à constituer, avec celle-ci, une des formes régulières et légitimes de l'exploitation des truffières.

Cette recherche présente de prime abord un grand avantage. Elle utilise un animal fort intelligent, très preste et pourtant plus maniable et moins embarrassant que le porc le mieux dressé, mais elle est inférieure, en ce point, qu'elle nécessite, plus que la fouille du porc, l'intervention de l'homme.

Alerte et tout à fait joyeux, plus poussé par ses instincts de chasseur que par son goût pour la Truffe, le jeune chien suit son maître. Celui-ci est pareillement armé d'un pic de fer et muni d'un sac, et il porte dans sa poche quelques morceaux de pain destinés à récompenser son compagnon de recherches. Arrivés sur la truffière, la chasse commence tout de suite et après avoir couru quelque temps en sens divers, comme un chien qui prend le pied, l'animal se fixe et s'arrête. S'il est bien dressé, il donne un seul coup de patte sur le sol, c'est sa manière de *marquer* la Truffe, mais il ne gratte pas la terre, et il ne la fouille pas avec ses ongles qui seraient meurtris tout de suite.

Il se contente donc d'indiquer une place que son maître va fouiller.

Pour cette besogne, le truffier se sert habituellement de ses mains, et dans les sols meubles, il lui suffit d'écarter un peu la terre pour que la Truffe soit à nu. A ce moment, une récompense est donnée au chien qui s'était tenu au bord du trou, cherchant souvent à intervenir au milieu de l'opération dont il suit les diverses phases avec curiosité et impatience. Quelquefois, pour écarter une pierre, pour ameublir la terre trop dure, il est nécessaire de se servir du pic; d'autres fois encore, il est nécessaire, — quand la direction donnée au creusement n'a pas été la bonne, — de faire de nouveau intervenir le chien. Le chien, ramené à la truffière, flaire le trou en tout sens, donne un nouveau coup de patte, et les recherches faites, dans cette direction nouvelle, ne restent plus vaines.

Le chien déploie, dans cette chasse à la Truffe, une intelligence et une adresse vraiment remarquables, et dans certains cas, l'acuité de son odorat ne le cède en rien à celui du porc. Très souvent, il se laisse entraîner comme lui sur une piste lointaine qu'une bouffée de vent lui apporte, et il va fouiller à 30 et 40 mètres une Truffe microscopique, dont l'odeur ne semble jamais pouvoir franchir la motte de terre qui l'environne.

Un jeune chien, dont je m'aidais pour mes études, était parti un jour sur une piste de plus de 50 mètres, et je ne pouvais lui faire quitter la place qu'il s'obstinait à flairer, bien que, sur ses indications, nous l'eussions fouillée sans succès ; fouillée à nouveau, elle nous donna un *Genea* lilliputien. Le chien qui l'avait senti de si loin ne le voulait pas abandonner.

A cette recherche le chien se fatigue comme le porc et, au soleil de midi, il devient un peu paresseux et ne travaille plus avec la même ardeur ; mais sa fatigue n'est point comparable à celle du porc qui ne peut plus alors absolument travailler. Il est, d'autre part, plus sujet que le porc à certaines distractions, et autant que possible, il ne faut pas le faire travailler en bande, mais seul.

Dans une vaste exploitation, où plusieurs porcs cherchent ensemble, une meute de chiens ne pourrait pas travailler. Le besoin de se réunir, de se rechercher, de jouer entre eux, de s'exciter et de s'entraîner l'un l'autre, est une condition de la chasse au gibier, où ces animaux agissent en commun, mais n'est plus la condition de la recherche individuelle calme et isolée que demande la Truffe.

A certaines époques, le travail du chien devient aussi fort difficile. Un besoin extrême de liberté s'empare de lui, on a de la peine à le tenir ; il se sauve dès qu'il est libre, sans que les corrections ou les coups puissent maîtriser ses instincts.

Le chien est aussi, de sa nature, — autant du moins

que la psychologie fort obscure des animaux permet de le supposer, — plus rêveur que le porc, et il est, à certains moments, pris d'une paresse inexplicable : on le mène à la truffière et il ne travaille pas.

Je ne sais pas ce qu'a mon chien, me disait un jour un truffier, mais depuis ce matin il ne fait que *calculer*. Cette flanerie, ce *dilettantisme*, ces calculs du chien ne font jamais l'affaire du paysan qui ne demande pas au chien de la rêverie, mais des Truffes.

A part ces défauts, le chien est un auxilliaire excellent pour le truffier, et si on ne l'emploie pas davantage, c'est à la nécessité d'intervenir plus activement avec lui qu'est due cette restriction.

Mais ceux qui l'emploient ne tarissent pas sur son compte, et pour eux, le vieil adage: « Le chien est l'ami de l'homme », n'est pas un vain mot, car c'est en ami qu'ils le traitent.

Mais pour le maraudeur, le chien est un ami encore plus utile et plus indispensable, et il devient, comme son maître, un voleur émérite qui met dans son vol une adresse et une conscience dignes d'une meilleure cause.

Est-ce le jour, il va voler les Truffes qu'il déterre et qu'il apporte à son maître, pendant que celui-ci, sans avoir l'air de penser à rien, passe négligemment sur le chemin.

Est-ce la nuit, ils parcourent les truffières, lui, attentif au moindre bruit, et maître et chien détalent, à toutes jambes, quand celui-ci a signalé le danger.

Les difficultés de la fouille, la quantité de marchandise volée, ont-elles forcé le maraudeur à cacher ses Truffes sous des abris couverts, à les disposer dans des cachettes, sous des feuilles amoncelées : avec un instinct merveilleux, le chien en opère, la nuit venue, le déménagement et le sauvetage. Il paye quelquefois de sa vie cette série de méfaits que la perversité de l'homme a exigés de son amitié. Mais c'est alors une victime sans nom, un chien vagabond et errant auquel on ne connaît pas de maître. En effet, maître et chien viennent, quelquefois de fort loin, exercer leur industrie de bohémiens et de voleurs chez les truffiers établis.

La race à laquelle appartiennent les chiens n'influe pas, autant qu'on pourrait le croire, sur le résultat qu'une bonne éducation permet d'atteindre chez eux. M. Tulasne attribue des aptitudes spéciales aux chiens barbets, connus et dressés en Italie sous le nom de *barboni*. A l'exception des lévriers et des chiens de luxe, j'ai connu, cherchant la Truffe, une foule de chiens de sang si mêlé, que le marquis de Cherville ne leur eût point refusé le nom d'*enfants de la balle*.

Les chiens de berger la cherchent, parfois sans éducation, et c'est la Truffe d'été, la *Maïenque*, qu'ils s'amusent surtout à fouiller et à faire rouler à terre, en faisant leur garde.

Une grande finesse d'odorat est la qualité première. C'est la condition d'une bonne éducation et tous les chiens sont, sous ce rapport, généralement bien doués.

Le jeune chien, destiné à chercher la Truffe, est exercé à la trouver dans des pots de terre, dans des trous où on les cache avec du lard ou du pain. Son éducation se complète et se perfectionne sur le terrain, par l'exemple. Une condition qu'on exige impérieusement de lui, c'est qu'il obéisse aveuglément, et qu'il ne connaisse que son maître. Aussi, son maître doit-il être seul à le récompenser et à le punir. Les chiens perdent facilement contenance lorsque, dirigés par un individu, ils sont gourmandés et récompensés par un autre. Le mieux est de laisser, dans la même main, l'autorité et la sanction.

En résumé, la fouille par le porc et celle par le chien sont les seules réellement pratiques pour récolter les Truffes, dans les conditions de quantité et de rapidité qu'exige le commerce.

En terre meuble et légère, celle du chien est moins dévastatrice, en pentes raides elle est préférable. En terrain dur, il faut, à l'indication du chien, ajouter le creusement par le pic, et, dans ce dernier cas, l'intervention de l'homme ne ménage guère plus les truffières que l'action du porc.

En dehors des moyens que je viens d'indiquer de trouver la Truffe, il en existe un autre, dont le maraudeur seul fait usage. Il consiste à rechercher les Truffes à la *sonde*, au moyen d'une petite broche de bois rigide et dure.

Pour mettre ce procédé en pratique, il faut nécessairement qu'une place truffière soit reconnue, et la dénudation spéciale dont j'ai parlé est le signe qui est tout d'abord constaté.

Quelque part, dans cette large place qui se dénude assez loin, viennent les Truffes, et c'est juste cet emplacement qu'il faut déterminer.

Il est d'observation que le point occupé par les Truffes est ordinairement plus meuble, d'une pénétration plus facile que les autres points de la truffière. De là l'utilité de la petite broche de bois. Armé de cette petite baguette, le maraudeur sonde la truffière jusqu'à ce qu'il rencontre le point où la pénétration se fait le mieux ; la broche s'enfonce facilement, puis elle est brusquement arrêtée par un obstacle d'une résistance particulière : c'est une Truffe.

Il s'en faut que ce procédé de la sonde ou de la broche offre le degré de certitude que donnent ceux de la *marque* ou de la *mouche* avec lesquels on peut le comparer. Il ne fournit qu'une probabilité. Mais les maraudeurs qui le pratiquent d'habitude en peuvent tirer un très grand parti.

Je ne possède aucun renseignement sur les procédés employés, à l'étranger, pour la recherche des Champignons comestibles logés sous terre et je sais que par un moyen analogue les Japonais extrayent du pied de l'Akamatsou, le Boukouriou que j'ai reçu. Mais il est assez curieux de rapprocher le procédé de la sonde de celui qui, d'après Serpa Pinto, est employé par les indigènes de l'Afrique australe pour découvrir les tubercules qui viennent à l'*extrémité* des radicelles du Moucouri.

Pour trouver ce tubercule, qui contient un liquide propre à désaltérer, les indigènes marchent lentement autour de la plante en décrivant des cercles toujours plus grands et en battant la terre d'un bâton, tout le temps. Quand le sol rend sous le coup un son creux et sourd, on est à peu près sûr qu'il recouvre un certain nombre de tubercules.

Si la récolte truffière est effectuée par des truffiers de profession, il s'en faut que tous les truffiers soient propriétaires des bois qu'ils exploitent. Les grands propriétaires truffiers de nos pays, ceux qui ont créé le plus grand nombre de plantations, prennent souvent part à la fouille. Pour le reste, les truffières sont exploitées par des adjudicataires ou des fermiers, et l'Administration des forêts n'exploite pas elle-même les truffières naturelles qu'elle possède ou celles qu'elle a créées.

La récolte des Truffes devient, ainsi, dans le plus grand nombre de cas, l'objet d'un contrat de fermage ou d'une mise en adjudication; mais le contrat ne vise absolument que la récolte des Truffes, le bois et ses dépendances extérieures restant à la disposition du propriétaire·ou des adjudicataires des coupes..

Les conditions du fermage consistent habituellement en une redevance en nature pour les très petites exploitations; en un prix d'argent qui peut s'élever à un chiffre considérable, pour les exploitations importantes.

De petites exploitations sont souvent prises à ferme

par un même individu, qui devient ainsi le truffier de plusieurs propriétaires. Pour les grandes exploitations, elles sont louées, soit à un seul truffier qui les sous-loue ou les fait exploiter, soit à une réunion de truffiers constitués en société.

Dans tous les cas, des baux interviennent qui règlent, avec la redevance, les conditions d'exploitation.

L'inobservation de ces conditions, l'intervention des adjudicataires de coupes de bois qui ne respectent pas toujours les garanties données aux fermiers des Truffes, par les propriétaires des bois truffiers, sont la cause de nombreuses difficultés et leur règlement exige souvent l'intervention des tribunaux ou de sentences arbitrales.

La Truffe est, du reste, l'occasion de bien des questions qui sont soumises à la juridiction civile ou correctionnelle : je m'en occuperai tout à l'heure.

CHAPITRE XII

Usages de la Truffe. — Elle est dévorée par certains animaux et sert de condiment à l'homme. — Est-elle un médicament et possède-t-elle quelques-unes des propriétés qu'on lui attribue ? — Commerce de la Truffe, son importance. — Les principaux marchés. — Conservation des Truffes et procédés mis en usage.

Celui qui a écrit que les Champignons étaient la nourriture du pauvre et qu'ils formaient, dans certaines circonstances, une réserve précieuse où l'on pouvait largement puiser, n'a pas, à coup sûr, fait entrer la Truffe dans ses prévisions.

La Truffe est bien un aliment de haute valeur par la quantité de substance azotée qu'elle contient et qui fait d'elle, suivant une vieille expression, *une vraie viande végétale*. Mais cette substance azotée y représente une valeur fort coûteuse et telle que la Truffe n'entrera jamais, que sous forme d'aliment d'exception, dans l'économie d'un ménage.

Si la Truffe est un Champignon comestible dont l'arome est surtout recherché, ce n'est qu'à titre de condiment qu'il figure sur nos tables ; mais c'est un condiment dont les lettres patentes datent de loin, et que les habitudes de la vie luxueuse et élégante maintiendront longtemps à la mode.

Fortement pénétré des hautes qualités de la Truffe, appréciateur très délicat des services qu'elle est appelée à rendre à l'homme, dans l'incessant et utile problème de son alimentation, Brillat-Savarin lui avait attribué la valeur d'une pierre précieuse, tant elle ajoute de mérite et, en quelque sorte, d'éclat aux mets dans lesquels on la fait entrer.

De fait, si pour toutes les choses de ce monde la mode est une souveraine capricieuse et changeante, elle ne s'est point montrée telle pour la Truffe, dont la consommation s'est beaucoup accrue depuis vingt ans et que recherchent même, — parce qu'elle est un condiment de luxe, — certaines classes de la société pour lesquelles elle ne semble point faite.

Bien avant que les Grecs et les Romains eussent cherché à la faire entrer dans des combinaisons savoureuses, la Truffe avait trouvé, chez les insectes, des amateurs fort indiscrets qui lui demandaient, pour eux et pour leur descendance, le couvert et le vivre. Logées au milieu de sa chair délicate, les larves de ces animaux la creusent et la dévorent, et la réduisent rapidement, suivant la saison, en un détritus brunâtre. D'autres animaux moins exigeants se contentent de la découvrir et de la manger ; et s'il est difficile de dire quelles espèces la mangeaient, aux temps du monde ancien, où l'épaisseur des forêts était moins favorable à sa venue, on peut avancer que, seuls à exception du cerf et du sanglier, le chien et le porc la cherchent aujourd'hui.

Les Truffes étaient, chez les Romains et chez les Grecs, employées à l'état frais, et, s'il faut en croire les auteurs du temps, elles étaient émincées en tranches très fines et incorporées aux aliments dont on voulait relever le goût. Quelquefois elles formaient un plat à elles seules. Elles n'en étaient pas moins *rasées*, *raclées* ou *râpées*, suivant l'expression *radentur* de Juvénal, à l'aide d'un instrument particulier, le même peut-être dont on se sert encore en Piémont, sous la forme d'un petit rabot.

Ainsi, râpées ou émincées, elles étaient assaisonnées à l'huile et au sel, et mangées cuites ou crues comme on le fait encore aujourd'hui.

Il est probable aussi qu'elles étaient mises à sécher et qu'elles constituaient, en cet état, une provision de petites tranches dures qu'il n'y avait plus qu'à ramollir dans l'eau quand on voulait s'en servir.

Cette pratique de sécher les Truffes pour les conserver s'est maintenue jusqu'à nos jours, et bien qu'elle soit moins employée qu'il y a vingt ans, elle est réservée surtout à la conservation des Truffes blanches d'été.

Coupées en tranches minces et séchées, elles faisaient, avant la découverte des procédés nouveaux de conservation, l'objet d'un commerce considérable dont quelques régions des Basses-Alpes ont gardé le monopole.

Pour les utiliser, on les ramollit dans l'eau chaude, comme on le fait pour les Morilles de la Lozère et les Champignons secs du commerce. Elles peuvent alors entrer dans les apprêts, mais leurs qualités ont à peu près disparu.

Aussi, la Truffe fraîche ou la Truffe conservée par la méthode d'Appert, sont-elles presque exclusivement recherchées par la consommation actuelle.

Fraîches et recouvertes encore d'une partie de la terre d'où on les a extraites, elles arrivent à Paris, pendant les mois de novembre, de décembre et de janvier, et c'est sous le nom de *Truffes du Périgord* qu'elles figurent à l'étalage des restaurants, des charcutiers et des marchands de comestibles.

Il s'en faut pourtant que toutes les Truffes vendues à Paris viennent de cette province. Les Truffes du Périgord jouissent, au point de vue de la délicatesse de leurs parfums et de la saveur de leur chair, d'une réputation très justement méritée. Leur arome, moins violent, a peut-être plus de nuances que celui des Truffes du Midi, mais celles-ci rachètent cette légère infériorité par des qualités fort sérieuses. Elles possèdent une puissance de parfum plus élevée et partant plus communicative et elles sont recherchées précisément pour cette raison qu'il en faut une moindre quantité pour obtenir un résultat équivalent. Aussi, achetées en pleine connaissance de cause, c'est sous le nom de Truffes *du Périgord* qu'elles sont également vendues.

C'est aussi sous le nom de Truffes du Périgord que Toulouse et Strasbourg les emploient dans les terrines de foies dont elles relèvent singulièrement le goût.

Puisque les Truffes sont un condiment, quelles en sont les qualités et se recommandent-elles autrement que par leur saveur et leur parfum? Sont-elles un digestif, ajoutent-elles quelque chose aux sucs de l'estomac, ou ne sont-elles qu'un excitant, par contact, de cet organe, dont elles activeraient les facultés et augmenteraient les sécrétions?

Il est difficile de répondre d'une manière satisfaisante à ces diverses questions; les faits sur lesquels on s'appuie sont en effet du domaine de l'empirisme, et nul n'a reçu, de la méthode expérimentale, la sanction nécessaire.

Du reste les réponses générales ne contiennent jamais une solution juste s'appliquant à tous les cas; et si la Truffe est en général un excitant de digestion facile, il est certains cas particuliers, certaines manières d'être personnelles, des conditions passagères, où elle ne se digère pas.

Il est certain, toutefois, qu'elle n'est pas indigeste consommée dans les limites où l'est toujours un condiment, et que, sur ce point, gastronomes et naturalistes sont presque d'accord.

La Truffe est donc un excitant de la digestion et tout porte à croire que ce n'est point seulement à une action de contact sur la muqueuse stomacale qu'est dû cet effet. L'action de la Truffe se fait sentir sur des appareils plus éloignés que ceux avec lesquels elle est mise directement en rapport ; il y a donc lieu de croire qu'elle doit à l'absorption de quelques-uns de ses principes les effets qu'elle produit.

Sur l'individu sain et bien portant, la Truffe excite des fonctions spéciales. De là, à croire qu'elle était secourable à certaines défaillances de l'homme il n'y avait qu'un pas.

Bien que cette action de la Truffe, dans certaines conditions bien déterminées, ne soit pas niable, il n'est pas cependant toujours facile de faire la part exacte de ce qui lui revient, dans la production de ces effets. Il est rare, en effet, que la Truffe soit mangée seule. Dans les dîners où on la sert, les vins généreux, les mets relevés l'accompagnent, et certainement ceux-là ont leur part dans l'excitation spéciale qui les suit.

Jusqu'à présent, je le reconnais, cette prétendue action n'a guère servi de thème qu'aux littérateurs et aux romanciers, et si Brillat-Savarin a dit que la Truffe ajoutait aux qualités aimables de l'homme, si Chavette en a fait l'occasion d'une charmante histoire [1], cette physiologie du goût et de la fantaisie n'est pas la physiologie, au sens où nous l'entendons.

Il était permis de se demander, pourtant, si cette

---

[1] Monselet, *Gastronomie.*

action de la Truffe était en réalité bien sérieuse, et si elle pourrait faire, à l'occasion, la base d'une médication efficace. C'était ici à la vraie physiologie de répondre.

Il eût été bien singulier que la médecine, — cette résultante de tous les efforts et de toutes les sollicitations dont l'homme torture son esprit pour guérir son corps, — n'eût pas demandé à la Truffe si elle n'avait rien à lui dire. A qui et à quoi l'homme désireux de guérir n'a-t-il pas demandé de remède ?

A cet effet, toute indication a d'abord semblé bonne à son esprit chercheur et inquiet, et il a longtemps suffi qu'une substance présentât quelques relations de forme et de couleur avec un organe donné, pour qu'elle lui parût contenir un remède contre les maux de cet organe.

C'était la médecine des signes et nul doute que la Truffe, d'une forme spéciale, — engendrée sans parents, — ne lui parût contenir quelque vertu secrète.

Le distique cité par Vigo :

Semina nulla damus, sine semine nascitur ullo,
At qui nos mandit semen habere putat,

s'est inspiré certainement de cette opinion.

Mais cette action qu'elle produit sur l'homme sain, la Truffe est bien loin de l'amener chez celui dont les facultés se sont affaiblies, sous l'atteinte de la maladie ou des ans. De nombreux faits que j'emprunte à mon expérience professionnelle me permettent de répondre ici, d'une manière absolument catégorique. La Truffe peut ajouter seulement aux qualités de ceux qui possèdent ; elle n'est plus d'aucun secours à ceux qui, n'ayant pas géré leur capital en bons pères de famille, ont consommé leur ruine.

Et cette action qu'elle ne possède pas plus, en pareil cas, que d'autres spécifiques fort vantés, à quoi faut-il donc l'attribuer lorsque par hasard, dans quelques conditions particulières, elle semble se produire ? Mais tout simplement à une sorte de suggestion mentale, toujours très efficace, dans une maladie où les causes morales jouent le rôle le plus grand.

En pareille occurrence, c'est déjà beaucoup que d'avoir persuadé à un malade qu'il peut compter sur lui-même, et rien n'aide à la victoire comme la certitude de vaincre.

Quel rôle joue la Truffe dans ce résultat. Elle donne un corps au traitement mental que l'on institue, elle lui fournit une sanction matérielle. Si les recherches modernes ont prouvé que l'on peut modifier certains états nerveux avec un mot, on réussit bien mieux en appuyant les mots sur quelque chose.

La Truffe, mais elle est ici ce qu'étaient, entre les mains de Trousseau, les pilules de mie de pain... si actives. Et tant que vivra, ici-bas, cet être suggestible, impressionnable et nerveux qu'un mot fait bondir, qu'un panache entraîne et qu'enflamme une idée... les pilules de mie de pain ne cesseront de guérir : *in hoc signo vinces*.

La Truffe n'arrive donc ici qu'à titre d'auxiliaire de la suggestion mentale, et ce qui le prouve c'est qu'elle devient tout de suite inutile quand la suggestion a porté ses fruits et qu'elle est absolument impuissante à faire reprendre au malade la confiance en lui-même, quand la suggestion n'a pas suffi.

Voilà, je crois, ramenée à ces proportions vraies, une action que les romanciers et les poètes avaient vantée à l'envi et qu'ils avaient fort exagérée.

En dehors de cette légère excitation, arrivant dans des conditions normales et physiologiques, la Truffe est dépourvue de toute action médicamenteuse et surtout curative.

On l'a essayée dans l'esquinancie et dans le choléra contre lequel, et sans succès jusqu'ici, toute la matière médicale a été mise en ligne; ai-je besoin de dire qu'ici comme ailleurs la Truffe s'est montrée impuissante ?

S'il est donc permis d'affirmer que la Truffe n'a, dans aucune maladie, une action efficace et utile, il est aussi difficile de dire dans quelles conditions son influence peut être, avec certitude, considérée comme nuisible.

La Truffe est un condiment dont l'usage n'est pas quotidien; elle ne fait jamais la base d'un régime, et ce n'est guère que dans les pays trufficoles, à certains moments et dans quelques occasions, qu'elle peut être prise avec excès.

Il est certain que les goutteux, chez qui la bonne

chère habituelle est à bon droit regardée comme pré-
disposant à la crise aiguë, feront bien d'en user avec
modération.

Il est vrai que, fins gourmets en général, ils se contentent souvent d'en savourer le parfum et qu'ils en
laissent la chair que la cuisson a rendue parfois dure
et fade. Mais le parfum et l'arome seuls amènent
déjà une excitation suffisante pour que les goutteux
s'en méfient.

Les gens nerveux, ceux qu'une tasse de café désé-
quilibre et qu'un peu de thé énerve, feront bien aussi
d'user modérément de la Truffe. Prise en excès, elle
pourrait être chez eux l'occasion d'agacement, de
cauchemars ou d'insomnie. Ce ne sont là que des
accidents peu sérieux, je le reconnais, mais encore
peuvent-ils amener de la fatigue, et n'est-ce pas mé-
connaître l'harmonie d'un bon dîner que de ne pas
en assurer la digestion heureuse et paisible.

Tout ce que je viens de dire ici s'applique seulement
à la vraie Truffe, à celle que l'on mange. Je n'ai point
voulu viser les autres Tubéracées, les autres Hypogés,
dont l'action médicamenteuse et les effets physiologiques sont moins connus encore.

Les Élaphomyces ont la réputation de posséder
quelques-uns des attributs de la Truffe, mais elle
n'est guère plus justifiée, je le crois.

Peut-être, les Truffes rousses, mauvaises et très
hautes en goût, pourraient-elles posséder quelques
propriétés excitantes que partageraient les Hyméno-

gastres à parfum vif et pénétrant. Mais ce ne sont là
que des suppositions privées de contrôle.

Un Champignon si précieux et si recherché, dont
aucune variété n'est toxique, — car les Hypogés ne
sont pas vénéneux, — doit être naturellement l'objet
d'un commerce considérable.

Je n'étonnerai personne en disant qu'il est l'objet
de transactions si importantes que des marchés spéciaux ont été créés.

C'est toujours un spectacle curieux, pour un mora-
liste, que celui d'un marché aux Truffes. Il y peut
prendre sur le vif ce paysan de France, méfiant, rusé,
économe, craignant toujours qu'on ne le trompe,
fort peu disposé à se laisser faire et prenant parfois
lui-même les devants pour ne point paraître mala-
droit au marchand qui vient soupeser et décrier son
sac.

C'est en effet, dans des sacs que, de tous les points
de la région, les Truffes sont apportées. Elles y sont
soigneusement arrangées, les plus belles au-dessus,
les plus petites au fond, comme si cet arrangement
éternel et invariable pouvait faire illusion encore.

Aussi n'est-ce pas à ces belles Truffes du dessus que
s'arrête l'acheteur, elles sont rapidement écartées et
c'est le fond du sac qui est mis à nu. En quelques secondes, l'appréciation est faite; acheteur et vendeur
se regardent, chuchotent quelques paroles et concluent
leur marché.

L'habitude et le maniement répété des Truffes

donnent, en effet, à l'acheteur une grande aptitude pour discerner la marchandise qu'on lui présente.

L'œil, le doigt, le nez, reçoivent bien vite, à s'exercer ainsi, une éducation très avancée qui leur permet de juger très rapidement de la valeur d'un lot et d'y reconnaitre tout de suite les Truffes inférieures ou sauvages qui s'y sont glissées d'aventure. Au besoin, un petit coup d'ongle, qui soulève légèrement l'écorce, tranche toute difficulté sur la nature du tubercule resté douteux, et, par la teinte rouge violacé mise à découvert, donne la certitude que c'est aux variétés comestibles qu'on a affaire.

Achetées par les commissionnaires ou les marchands, les Truffes ne sont jamais acceptées telles qu'elles sont présentées, et le marché conclu, sur l'inspection du sac, est toujours suivi d'une vérification plus complète. C'est l'opération du *recettage*.

Reçues le plus souvent sur une claie d'osier à jours, qui permet à la terre détachée de passer à travers ses mailles, les Truffes sont passées à la main. Celles qui ont subi quelques avaries, les Truffes encore blanches, les Truffes d'été, les sauvages, les musquées, les fortes, sont écartées. Celle qui restent, pesées dans une balance à fond mobile et en treillis, pour que la terre puisse également y passer, sont immédiatement versées, par l'abaissement du fond mobile, dans les corbeilles d'expédition.

Cette opération du *recettage*, rigoureuse quand les Truffes sont abondantes, le devient beaucoup moins

quand elles sont rares et chères; pressés par les demandes, les acheteurs subissent alors les exigences du
vendeur et paient souvent fort cher des Truffes très
inférieures,

En dehors des commissionnaires et des marchands,
les simples amateurs sont d'ordinaire mal placés pour
acheter au marché de bonnes Truffes, dans de bonnes
conditions.

Chercheurs de petits lots, ils n'ont le plus souvent
en partage que les Truffes dites *secondes*, trop petites
ou écartées par les marchands : ce sont les *recettes ;*
— ou bien les Truffes déjà triées par le rabassier et
que celui-ci apporte au marché soigneusement pliées
dans un papier ou dans un mouchoir.

Quant aux belles Truffes, elles lui sont le plus souvent vendues telles quelles et en bloc.

La traite de ces petites Truffes, que les rabassiers
vendent directement aux amateurs et aux cuisinières,
constitue une des opérations les plus intéressantes et
les plus instructives du marché. Ces petits lots contiennent, en effet, avec de bonnes Truffes, beaucoup
de Truffes de qualités inférieures, rousses, musquées,
Nez-de-chien de toute nature, et c'est à eux que
s'adressent la plupart des ménagères qui veulent faire,
peu à peu et avec économie, leur provision. Aussi
est-il fort curieux d'assister au spectacle de ces débats,
entre la ménagère, l'amateur et le rabassier ou la
rabassière, — car c'est la femme qui est le plus souvent chargée de cette opération de détail, — et d'en-

tendre le défilé des arguments et des petits moyens par lesquels celle-ci fait valoir sa marchandise à la ménagère économe et à l'amateur inexpérimenté.

La plupart des grands marchés de Truffes sont tenus en plein vent, sur des places spéciales, où se rendent les rabassiers et les marchands. Pendant une grande partie du marché, les sacs sont rangés contre les murs, et il faut quelque temps pour que les prix s'établissent. Les prix faits, la marchandise est pesée et vendue et le marché naguère si serré et si bruyant, où l'on se piétinait en quelque sorte, est vidé en un instant. Certains marchés n'ont pas d'emplacement désigné, et les rabassiers se rendent directement chez les commissionnaires; ce sont naturellement les marchés les moins importants que ceux où il est procédé de cette façon.

L'importance des marchés est proportionnée à celle de la production truffière de la région, et l'on peut citer ceux de Carpentras, d'Apt et de Cahors comme tenant la première place.

La qualité des Truffes, celle qui est tirée de leur arome et de leur parfum, est une de celles dont il est le plus tenu compte. Mais, tout à côté de celle-là, les acheteurs donnent une grande importance à la forme et au volume du tubercule, et, pour le commerce proprement dit, cette considération semblerait devoir céder le pas à celles tirées des qualités intrinsèques. Les Truffes bien rondes, bien faites, sans anfractuosités remplies de terre, donnent moins de déchet à l'achat, elles flattent l'œil davantage et font meilleure figure quand elles sont servies entières dans certaines préparations.

Aussi les Truffes plus parfumées, mais biscornues de certaines régions, sont-elles placées souvent au deuxième rang par les marchands très nombreux qui se sont fait une *marque* avec les Truffes bien égales et qui tiennent à l'uniformité de leur type.

Les marchés les plus recommandables par la forme bien ronde et bien égale de leurs Truffes sont, pour le Dauphiné, le marché de Nyons et, pour la Provence, ceux de Grignan, de Valréas et de Vaison. Mais ces marchés sont peu importants. Du reste, les belles Truffes y sont enlevées d'avance par des négociants de Lyon qui les font ramasser, par leurs courtiers, chez le producteur lui-même, au grand détriment des marchés de la région, où ne vont plus que les rebuts.

Apt et Carpentras sont, pour le département de Vaucluse, les marchés de beaucoup les plus considérables, et l'amodiation des truffières de l'arrondissement de Carpentras, qui s'élève au chiffre de 55 350 francs, donne, au marché de cette dernière ville, un appoint très important.

Mais les marchandises, apportées à Carpentras et à Apt, bien que de qualités très supérieures, sont quelquefois moins appréciées, en raison de leur forme plus ou moins inégale.

On rencontre cependant à Carpentras les Truffes venues de Saumanes et de Jonquières, irréprochables de forme, et à Apt celles de Croagnes et de la plaine de Sylla, plus irrégulières, mais bien parfumées.

Dans le Gard, le marché de Bagnols jouit d'une réputation très méritée pour la forme et la qualité de ses produits et il est plus important que les marchés voisins du Pont-Saint-Esprit et d'Uzès.

Les marchés des Basses-Alpes sont moins importants que ceux de Vaucluse. On peut citer cependant ceux de Riez, de Forcalquier et de Digne. L'un d'eux, celui de Montagnac, jouit d'une réputation fort ancienne, bien qu'il ne soit pas un marché, au sens propre du mot, mais un centre de production depuis longtemps renommé.

La clientèle ancienne et sûre que Montagnac s'est créée, lui permet d'expédier tous les soirs, après la fouille, des Truffes absolument fraîches. Elles conservent alors les qualités de parfum et de saveur que les Truffes trop longtemps gardées, immergées dans l'eau trop souvent avant d'être exposées au marché, perdent alors sans retour.

Les seuls marchés de la Dordogne et du Lot peuvent entrer en comparaison avec les marchés d'Apt et de Carpentras, pour la quantité des Truffes qui y sont traitées et pour leur qualité. Celui de Cahors tient une des premières places. Les Truffes du Périgord sont estimées à bon droit ; elles ont pour elles la régularité de la forme et la délicatesse du parfum.

Je ne m'arrêterai pas à signaler les marchés des autres parties de la France et encore moins parlerai-je des marchés de l'étranger. En Bourgogne, en Franche-Comté, en Champagne, ce n'est plus la vraie Truffe noire que l'on mange et c'est une variété de l'*œstivum* de la Provence qui fait le fond de la production. Les marchés de Chaumont, de Dijon, en sont approvisionnés d'octobre à décembre et les Truffes y sont consommées en général à l'état frais. Elles ne sont l'objet d'aucune exportation ni d'aucune industrie relative à leur conservation. Peu goûtées des gastronomes, elles défrayent la consommation locale. On peut d'ailleurs se les procurer à peu de frais, car leur prix ne saurait jamais atteindre celui des Truffes de Provence ou de Périgord.

Si j'en crois, du reste, les renseignements qui me sont donnés, on consomme, dans le Doubs et le Jura, non seulement l'*œstivum*, mais encore le *rapœodorum*, l'*excavatum* et le *Melanogaster variegatus* sous le nom de Truffe musquée.

Je n'ai pas besoin de dire que ces tubercules ne sont point sur les marchés l'objet d'une offre particulière et qu'on ne les y rencontre qu'accidentellement.

La saison des Truffes ne durant guère que trois ou quatre mois, ce n'est que pendant cette période qu'elles peuvent être consommées et employées fraîches. Mais, comme les exigences de la cuisine ne prescrivent pas, il a fallu chercher des moyens pour prolonger, en quelque sorte, la durée de la Truffe, et pour se la procurer facilement, en dehors des saisons où on ne la récolte plus.

Il existe certainement des Truffes de toutes les saisons et on pourrait, si on le voulait, manger des Truffes fraîches pendant huit à neuf mois. Mais il faudrait alors avoir recours aux Truffes de mai, puis aux Truffes de Bourgogne, puis aux Truffes d'hiver. Or, les Truffes d'hiver jouissent d'une supériorité si universellement reconnue, qu'elles devaient détrôner les autres si, par une préparation convenable, on pouvait les faire durer au delà de leur saison.

Aussi le problème de la conversation des Truffes a-t-il exercé longtemps la sagacité des marchands. J'ai déjà dit que la conservation, au moyen de la dessiccation, ne pouvait s'obtenir qu'au détriment de leur arome, et je n'y reviendrai pas. Aussi a-t-on cherché à conserver les Truffes dans les liquides employés comme l'huile, le vinaigre, le vin, à la préparation des condiments, mais on ne peut obtenir par ces divers moyens qu'une conservation insuffisante et courte. Le vin ne conserve pas, l'huile pas assez et le vinaigre enlève à la Truffe le parfum exquis pour lequel on la recherche.

Aussi, n'est-ce guère que chez les Japonais que cette dernière méthode est encore appliquée, et c'est, dans du vinaigre et des piments, que j'ai reçu de Yokohama les Boukourious dont j'ai déjà parlé.

A ces procédés, imparfaits et infidèles, on a substitué bientôt des méthodes plus sûres, et l'immersion des tubercules, dans de la graisse chaude et fondue, puis refroidie autour d'eux, a constitué un moyen de protection d'une efficacité certaine.

Néanmoins, si, par le fait, de la chaleur, la Truffe a été privée des ferments qui pouvaient la compromettre, et si la couche de graisse, figée autour d'elle, la met assez bien à l'abri des ferments extérieurs, elle n'est pas garantie des oxydations lentes qui altèrent à la longue les corps gras et finissent par les rancir. On a donc renoncé à la conservation industrielle de la Truffe dans une terrine de graisse d'oie ou de saindoux salés, et c'est tout au plus si ce moyen est resté comme une recette de ménage permettant de conserver des Truffes que l'on peut utiliser une à une.

Il était réservé à la méthode Appert de réaliser d'une manière parfaite cette conservation.

Appliquée, il y a une trentaine d'années, par des industriels qui opéraient d'une façon en quelque sorte mystérieuse, cette méthode était restée, pendant longtemps, ignorée du plus grand nombre. Elle consistait à enfermer dans des bouteilles de verre noir, à large goulot, des Truffes fraîches, choisies et lavées, et à les soumettre, dans ces flacons bien bouchés avec un liège hermétique et ficelé, à une ébullition de trois heures au bain-marie.

Pour éviter la *casse* que les bouteilles auraient pu subir, en se heurtant au cours de l'ébullition, on avait soin d'interposer entre elles des brins de foin. Les bouteilles, lentement refroidies, puis retirées, contenaient alors une certaine quantité d'eau que les Truffes avaient *suée* en cuisant. Ces Truffes, avec leur eau de sudation, pouvaient alors se conserver fort long-temps.

Toutefois, il fallait à cette conservation, pour qu'elle fût satisfaisante, certaines conditions assez difficiles à réaliser et alors presque toujours incomplètement remplies.

La première de ces conditions était la qualité du liège du bouchon, puis l'adaptation parfaite du bou-chon à la bouteille, puis encore l'impossibilité de la pénétration de l'air extérieur entre le bouchon et la paroi.

Pour assurer davantage la non-pénétration de l'air, le goulot de la bouteille, encore chaud et coiffé de son bouchon, fut plongé dans un bain de goudron bouillant. Celui-ci devait s'insinuer dans tous les joints et les obturer complètement. Cependant, quels que fussent les soins donnés au bouchage hermétique des bouteilles, la conservation qu'on obtenait par ce moyen n'était pas toujours parfaite. Un certain nombre de bouteilles ne contenaient plus, une fois ouvertes, que des Truffes avariées, ayant subi des fermentations qui les rendaient impropres à être con-sommées; souvent même la putréfaction les avait atteintes. Les Truffes, sorties de ces bouteilles, répan-daient alors autour d'elles une puanteur insupporta-ble, et il fallut, — cet accident se répétant plus que de raison, — apporter à ce mode de préparation des mo-difications indispensables.

On eut alors recours à la conservation dans des boîtes de fer-blanc. Ici le résultat fut parfait, mais on se heurta, dans le commerce, à un inconvénient fort sérieux.

Par l'ébullition prolongée, par l'eau de *sudation* qu'elles perdent, les Truffes, mises en boîtes, diminuent considérablement de volume. Ces boîtes, livrées au commerce par les fabricants, n'étaient donc pas pleines, et, de plus, elles contenaient une certaine quantité d'eau, sur la provenance de laquelle on faisait les suppositions les moins obligeantes ; il fallut donc revenir aux bouteilles. Malgré la couleur foncée du verre, on pouvait encore voir ce qu'elles contenaient et n'être pas trompé au moins sur la quantité. Voici comment on procède aujourd'hui :

Choisies, lavées et épluchées, les Truffes sont enfermées dans de grandes marmites autoclaves qui peuvent en contenir plusieurs kilogrammes, et elles y sont soumises, au bain-marie ou à la vapeur, à une ébullition de deux à trois heures.

Sorties, au bout de ce temps, elles sont séparées de l'eau qu'elles ont rendue, puis étendues sur des tables.

Cette exposition à l'air les *noircit* un peu. Elles sont alors enfermés rapidement dans des bouteilles où on les tasse. On ajoute un peu de l'eau de sudation, puis les bouteilles sont remises au bain-marie, elles y subissent une ébullition de deux heures et sont goudronnées encore chaudes.

Cette double ébullition leur assure, dans la majorité des cas, une conservation plus parfaite. Mais, avec la bouteille et le bouchon, on retombe toujours dans les inconvénients d'une fermeture incomplète, et la bouteille n'offre jamais que l'avantage de laisser apercevoir la grosseur et la quantité des Truffes qu'elle contient.

De là, la nécessité de revenir à la boîte quand on veut assurer aux Truffes une conservation absolue. Sorties de l'autoclave, elles sont tassées dans des cylindres de fer-blanc, arrosées d'un peu d'eau de coction, puis les boîtes sont hermétiquement soudées et remises au bain-marie.

Au bout de quelques jours, une ou deux semaines, on passe les boîtes en revue et on met de côté toutes celles qui ont *soufflé*, c'est-à-dire dont la forme s'est altérée.

Soit, en effet, que la soudure n'ait pas été réussie, et qu'elle ait laissé une fissure par laquelle les germes de l'air sont rentrés, à mesure que refroidissaient les boîtes ; soit que certains ferments aient résisté à une ébullition de trois heures, les Truffes subissent une altération, et des gaz se produisent qui déforment les boîtes en soulevant leurs parois.

Avec un poinçon et un marteau on fait, sur le fond de ces boîtes, un trou très fin. Les gaz s'échappent en sifflant ; une goutte de soudure bouche le trou et les boîtes sont remises au bain-marie deux heures encore. Après cette opération, il est rare que l'altération continue. Mais les Truffes, dont les boîtes ont *soufflé*, sont loin d'avoir les qualités de celles dont la conservation a été du premier coup réussie.

Avant d'être conservées, les Truffes sont choisies, ainsi que je l'ai déjà dit, et ce choix s'exerce au cours des opérations auxquelles elles sont préalablement soumises.

Au marché, où on les achète, elles ont été déjà, de la part du truffier qui les apporte, l'objet d'une sélection particulière qui consiste à faire un lot de grosses et un lot de petites. Le marchand qui les reçoit en écarte encore soigneusement toutes celles qui sont avariées, de provenance douteuse, trop garnies de terre, sauvages ou de qualités inférieures, il les *recette* en un mot, et les *recettes*, celles qu'il a refusé de recevoir, sont ordinairement vendues sur le marché. où elles trouvent toujours un acheteur.

Expédiées et arrivées chez le fabricant de conserves elles y subissent un choix nouveau et elles y sont lavées avec soin. Pour cela, elles sont immergées. dans des bassins ou des cuves de bois remplies d'eau, puis débarrassées à la brosse de la terre qui les enveloppait. Sous l'action de la brosse, l'écorce de quelques-unes cède et se détache ; c'est ordinairement la Truffe musquée ou forte qui est entamée ainsi, et ce caractère très particulier, qui permet de la reconnaître à simple vue au milieu du tas, l'en fait immédiatement séparer.

Lavées et essuyées, ou simplement séchées à l'air

et à l'ombre pendant quelques heures, les Truffes sont le plus souvent épluchées à l'aide d'un petit couteau spécial à lame courbe et pointue. Cette opération, quand elle est faite, peut devenir l'occasion d'une sélection nouvelle. Le couteau, qui n'enlève que l'épiderme, permet cependant de faire des différences dans la chair, dans la maturité, dans la qualité de chacune d'elles et donne la possibilité de les associer, en prenant pour base une quelconque de ces conditions. Épluchées et choisies de grosseur, elles sont introduites dans l'autoclave et traitées comme je l'ai dit.

Mais assez souvent, — et c'est un très grand tort, — les Truffes ne sont pas pelées. Quel que soit alors le lavage qu'elles aient antérieurement subi, il leur reste, quand elles ne sont pas épluchées, un goût de terre qui ne disparaît pas, que la cuisson au bain-marie diffuse au contraire dans la chair et qui, restant dans les apprêts, enlève au parfum de la Truffe une grande partie de sa délicatesse.

Les fabricants de conserves sont donc tenus d'opérer un certain nombre de sélections sur les Truffes qu'ils traitent. Il en résulte qu'ils ont nécessairement des Truffes de plusieurs choix ou de plusieurs qualités et que toutes les conserves de Truffes que l'on trouve dans le commerce sont loin de se ressembler.

Il n'est pas rare de rencontrer, chez les marchands de comestibles, des conserves véreuses et sans parfum. C'est même assez l'habitude de ne manger, au

cours de certains grands dîners que des Truffes dé-
pourvues de goût, mais il est entendu qu'il n'y a
pas de grand dîner sans Truffes. On convient bien
entre soi que c'est payer fort cher une chose qui ne
vaut rien, mais c'est la Truffe et c'est la mode, et si
quelqu'un a le droit et le devoir de se plaindre, ce ne
sont point les invités.

Au nom de la Truffe du Périgord et de Provence,
on ne saurait trop protester contre l'assimilation
que l'on veut faire de ces précieux Champignons,
avec des préparations qui n'ont rien gardé de leur
parfum délicat, et qui tendraient à faire croire, à ceux
qui ne la connaissent pas, que la Truffe est *un pré-
jugé*.

C'est que, si beaucoup de fabricants de conserves
se respectent et ne produisent que de bonnes marques,
quelques-uns sont moins scrupuleux. Pour ceux-là,
Truffes avariées, Truffes conservées et altérées, Truffes,
sans couleur teintes à l'encre, Truffes lessivées puis
reparfumées à l'eau de coction des bonnes Truffes
sont la marchandise courante. Ce sont des pratiques
que l'on ne saurait trop décrier en les faisant connaître.

Aussi, bien des restaurants de Paris, — et les plus
grands, — ont-ils cherché à s'affranchir du fabricant
de conserves qui leur est toujours un intermédiaire
onéreux, même quand la qualité du produit ne laisse
rien à désirer.

Plusieurs grandes maisons reçoivent en effet, à

l'époque de la récolte, des Truffes noires de Périgord et de Provence et les conservent elles-mêmes par la méthode d'Appert. Elles trouvent à cette pratique non seulement une garantie, mais une économie considérable.

Si cette manière de procéder se généralisait, et si les fabricants de conserves ne soignaient pas davantage leurs produits, ils ne pourraient plus prétendre qu'à fournir les pays très éloignés où la Truffe fraîche ne peut être exportée sans dommage, et où leurs bouteilles ou leurs boîtes trouvent des conditions de vente de plus en plus difficiles, tant les intermédiaires en font renchérir le prix. Or, la France, qui récolte pour près de 15 millions de Truffes, en exporte 5 millions. Cela vaut la peine qu'on y réfléchisse.

Ainsi que je viens de le dire, le procédé de la mise en boîte et le traitement par la méthode d'Appert constituent, pour la Truffe, le seul mode à la fois efficace et simple de conservation. C'est à lui que l'on recourt dans les ménages des pays trufficoles ; c'est à lui que l'on doit ces conserves de famille, tout à fait exquises, que les meilleures conserves industrielles n'égalent jamais.

Mais, pour réaliser, dans la famille, les conditions indispensables à la confection d'une bonne conserve, on se heurte à une difficulté : c'est celle du choix. L'industriel, mieux placé, peut toujours opérer sur de grandes quantités et bien choisir ; c'est une facilité que tout le monde n'a pas. Mais quand le choix peut être

obtenu et quand on peut classer les Truffes, par catégorie de provenance, ou par similitude de parfum,
on obtient des résultats absolument remarquables
et à des conditions de prix qui n'ont rien d'exagéré.

La préparation est des plus simples. Les Truffes
lavées, brossées, épluchées, choisies avec soin, sont
enfermées dans des boîtes en fer-blanc, hermétiquement soudées, et soumises au bain-marie, à une ébullition de trois heures.

Quelques personnes croient devoir y ajouter du sel
et même de l'eau-de-vie : c'est tout à fait inutile. Ces
substances n'ajoutent rien à l'efficacité de la méthode
quant à la conservation, et ceux qui ont introduit de
l'eau-de-vie s'interdisent, par cela même, certaines
manières fort appréciées de manger les Truffes au
naturel.

Le goût de l'eau-de-vie persiste en effet, et ne se
dissipe que par une ébullition prolongée. Or, l'ébullition prolongée, les Truffes conservées s'en accommodent moins bien que les Truffes fraîches. Il ne
faut pas oublier que celles-là ont déjà subi, dans les
boîtes, une longue cuisson et qu'on ne les emploie
que pour leur parfum. Ce n'est donc qu'au moment
de servir un plat qu'on les y ajoute.

Mais je m'arrête, le but de cette étude n'est pas de
suivre la Truffe à la cuisine et de dire comment on l'y
traite.

On sait plus ou moins qu'on la mange au naturel,
qu'on en compose des potages exquis, qu'elle est

mangée à la serviette, en caisse, au champagne, qu'elle est la compagne obligée des grandes pièces rôties, et qu'elle constitue, avec les vins de France, un des fondements de la cuisine de ce pays, le seul au monde où l'on sache boire et manger.

CHAPITRE XIII

Jurisprudence en matière de Truffes.

Il fut un temps où la recherche de la Truffe était considérée comme pouvant se faire en toute liberté.

La Truffe était regardée comme un produit spontanée, naissant d'aventure dans le sol, et, pour la prendre, le truffier s'arrogeait, sur les terres d'autrui, le droit de libre parcours,

On la prenait alors comme le chasseur prend encore le gibier, comme on récolte les Champignons : la place était au premier occupant et la meilleure aubaine à celui qui, possédant un porc bien éduqué, s'était pressé davantage.

Les propriétés communales, bien qu'elles fussent soumises au régime forestier, étaient à la merci des chercheurs. Pour les propriétaires, c'était pis encore, et ils savaient parfois qu'ils possédaient des Truffes, parce qu'un truffier, — s'inspirant plus que les autres du sentiment des convenances, — n'osait pas les lui prendre, sans lui en offrir quelques-unes.

Dans les cas extrêmes, et quand le propriétaire, fatigué des incursions des maraudeurs, se décidait à les poursuivre, ceux-là n'avaient qu'à répondre d'une simple contravention à l'article 144 du Code forestier.

Cette doctrine était alors consacrée par un arrêt de la Cour d'Amiens réformant un jugement du tribunal de Senlis. Un nommé P..., ayant enlevé un certain nombre de Truffes, dans un bois sis près de Creil, fut poursuivi, mais relaxé, attendu que le fait qui lui était imputé était la recherche d'un produit jusque-là inconnu dans le canton, et que cette recherche, faite publiquement, n'avait été accompagnée d'aucune des circonstances qui constituent la soustraction frauduleuse.

Sur l'appel du ministère public, qui demandait l'application du paragraphe 5 de l'article 388 du Code pénal, le prévenu soutint qu'il n'avait pas commis de délit et, qu'en tout cas, le fait qui lui était imputé, ayant eu lieu dans un bois, il n'était passible que de l'article 144 du Code forestier. La Cour d'Amiens rendit, le 25 janvier 1861, un arrêt par lequel il fut décidé que le fait imputé à P... était établi, mais qu'il n'entraînait que l'application de cet article 144.

Cet arrêt ne fut point soumis à la Cour de cassation dont la jurisprudence semblait fixée, du reste, par un arrêt de principe rendu le 29 novembre 1848, au rapport de M. Legagneur. Il jugeait que l'enlèvement frauduleux de toute production du sol forestier, quelle qu'elle soit : mousses, parasites ou *autres fruits des bois et forêts*, est réprimé par les articles 144 et 198 du Code forestier.

Ces principes, la Cour suprême semblait devoir toujours les appliquer. En effet, en 1869, un jugement de simple police condamnait deux prévenus à 10 francs d'amende et à 240 francs de dommages-intérêts, par application de l'article 475, n° 5, du Code pénal, pour enlèvement de 22 kilogrammes de Truffes dans un bois particulier sis dans le canton de Méréville (Seine-et-Oise).

Sur appel, le tribunal d'Étampes se déclarait incompétent, par le motif que le fait imputé aux deux prévenus constituait, non une contravention, mais le délit prévu par l'article 388 du Code pénal.

Mais sur le pourvoi du propriétaire lésé, la Cour, sur le rapport de M. Moignon, rendit, le 27 novembre 1869, un arrêt qui semble poser très nettement, en thèse de droit, que l'article 388 (C. pén.) prévoit exclusivement le vol *dans les champs* de production utiles de la terre... et qu'il est absolument inapplicable à l'enlèvement, *dans les bois*, des produits du sol forestier. Il décidait également que, par la généralité de ses expressions, l'article 144 (C. forest.) comprenait les Truffes.

Cette jurisprudence, appliquée aux départements du nord de la France, où la culture des Truffes n'a pas acquis d'importance, ne leur était point dommageable.

Mais, dans le Midi, c'est en vain que les propriétaires de truffières se couvraient de la protection insuffisante de l'article 144 du Code forestier, et c'est en vain aussi qu'ils organisaient une surveillance, au milieu de leurs bois, au moment de la récolte. Cette surveillance, le plus souvent inefficace, pouvait devenir fort dangereuse : les braconniers de Truffes, comme les braconniers de gibier, n'étaient pas toujours de bonne composition.

Aussi, dès 1865, une jurisprudence sauvegardant mieux les intérêts des producteurs de truffes tendait à s'établir. Elle se basait sur ce fait reconnu par tout le monde, que les truffières recevaient, de main d'homme, certains soins et certaines cultures qui transformaient en récolte ordinaire *de fruits utiles de la terre* les Truffes, considérées jusqu'alors comme des productions spontanées. Aussi, par application de l'article 388, n° 5, du Code pénal, le tribunal d'Apt condamnait, le 14 décembre 1865, un nommé M... à dix jours de prison, 16 francs d'amende et aux frais pour vol de Truffes accompli, à l'aide d'une truie, chez les nommés Y et Z.

Le jugement relatait que M... avait été déjà condamné quatre fois en simple police : deux fois à l'amende et deux fois à la prison, pour des faits de même genre et par application de l'article 144 (C. forest.).

Le 20 décembre 1866, une condamnation correctionnelle, émanant du même tribunal, frappait le nommé G... et maintenait la jurisprudence adoptée l'année précédente.

Ces deux condamnations, acceptées par les délin-
quants, n'étaient point frappées d'appel.

Cependant, la cour de Nîmes allait être appelée
à se prononcer, sur cette nouvelle jurisprudence,
car un nouveau jugement, émanant cette fois du
tribunal de Carpentras, était soumis, en 1878, à son
appréciation.

Ce tribunal avait condamné à un an de prison et
16 francs d'amende le nommé B..., à la suite d'un
procès-verbal régulier constatant que, dans la nuit du
25 février 1878, cet individu, accompagné d'un chien
et muni d'une pioche, avait été trouvé dans un lieu
planté en bois, fouillant le sol pour y trouver des
Truffes.

Sur l'appel de B..., la Cour de Nîmes rendait, le
9 mai 1878, un très remarquable arrêt. Elle réduisait
la peine à un mois de prison, maintenait l'amende, et
faisait application au prévenu de l'article 388, n° 5, du
Code pénal, visé par les premiers juges.

Je ne puis résister au désir de reproduire quelques-
uns des considérants de cet arrêt si bien motivé, tant
il répond à la situation que la trufficulture s'est faite.

Attendu, est-il dit, que le délit a été commis dans un semis
de Chênes truffiers âgé de quinze ans, appartenant à la commune
de B..., mais amodié, pour la récolte des Truffes seulement, à un
sieur C...;

Que les faits étant ainsi établis, il y a lieu d'examiner si la
pénalité qui leur est applicable est celle de l'article 144 du Code
forestier ou celle de l'article 388 du Code pénal,

Que, sans doute, la Truffe a pu, en certaines circonstances être considérée comme un produit du sol des forêts, et être rangée dans la catégorie des végétaux et objets divers qu'énumère l'article 144, tels que gazons, tourbes, bruyères, glands, faînes et autres fruits ou semences ;

Que c'est dans ce sens et ces limites que diverses décisions judiciaires sont intervenues ; mais que les cas auxquels se rapportent ces décisions sont séparés du fait actuel par des différences profondes ;

Attendu qu'il serait contraire à des intérêts considérables et à une saine interprétation de la loi d'appliquer au délit de la nature de celui dont B...s'est rendu coupable, une pénalité destinée seulement à prévenir l'enlèvement des productions parasites ou accessoires, sans valeur sérieuse, et dont la disparition ne porte qu'un insignifiant préjudice aux richesses que la législation forestière a le but de protéger ;

Attendu que, dans certaines parties du midi de la France et en particulier dans le département de Vaucluse, les Truffes ont cessé d'être un produit recueilli au hasard, créé par la nature seule, obtenu sans main-d'œuvre préalable, sans dépenses d'aménagement et d'entretien ; que des écrivains spéciaux, des agronomes éminents, ont tracé des règles de ce que, par un néologisme nécessaire, on est convenu d'appeler la *trufficulture;*

Que la préparation préalable du sol, le choix des plantes ou semences réservées à une destination spéciale, des labours ou binages en nombre convenable, une direction particulière à donner aux plantations, direction fort différente souvent de celle qu'aurait comportée la seule exploitation forestière, tous ces soins, toutes ces précautions, sont devenus une branche importante de la science agricole, un élément de croissante prospérité ;

Que dans ces conditions, se trouvait en particulier le tènement sur lequel maraudait B.., que sans doute l'affectation dominante imposée au sol de ce tènement n'aurait pas empêché B..., s'il avait pris, par exemple. dans ce lieu, des bruyères, des glands, des feuilles ou autres produits des bois, d'être puni conformément aux dispositions du Code forestier ;

Mais que ce n'est pas là ce que venait chercher B... et ce dont C... s'était rendu adjudicataire au prix annuel de 11 500 francs ;

Attendu qu'il faut reconnaître qu'à côté et même au-dessus de la richesse forestière constituée par les arbres dont le sol est complanté, il existe aujourd'hui, dans certaines localités et notamment dans la commune où a été commis le délit, une autre richesse, impliquant d'autres travaux établis dans de tout autres conditions;

Que la production forestière n'est là que l'accessoire; que le production truffière y est, au contraire, la préoccupation du possesseur du sol et le but le plus important de ses efforts;

... Que dans ce cas, il s'agit de produits spontanés à l'origine, mais dont les qualités sont accrues, le rendement régularisé, la valeur étendue par l'intervention de l'homme et la pratique d'ingénieuses réformes...

Que la substitution de la culture artificielle à la production naturelle devrait, en cas de délit, avoir pour corollaire un changement dans la pénalité encourue;

Attendu qu'on n'évalue pas à moins de 3000 francs la perte occasionnée par les maraudeurs au fermier C..., et que sa situation serait insuffisamment protégée par les seules peines énoncées par l'article 144.

Par ces motifs, condamne B...

Cet arrêt extrêmement remarquable, et dans lequel M. le président Pelon a heureusement résumé l'état et les conditions de la trufficulture dans Vaucluse, fut déféré par B... à la Cour suprême.

Mais sur le rapport très circonstancié et très lumineux de M. le conseiller Barbier, qui se demande de quel nom on appellera le résultat d'un travail qui ayant exigé des dépenses considérables, des soins répétés et intelligents, l'application assidue de l'homme pour transformer une production spontanée en une production artificielle, pour en faire une richesse du sol, si on ne l'appelle pas *récolte*...

La Cour, trouvant que les premiers juges avaient fait une juste application de l'article 388, a rejeté le pourvoi.

Par cet arrêt du 3 août 1878, la Cour sanctionnait la jurisprudence nouvelle qui était bientôt suivie par les tribunaux correctionnels. Le 4 novembre 1878, le tribunal de Loudun l'appliquait. Le jugement visait surtout la protection due aux propriétaires contre les maraudeurs « armés et redoutés » et la conservation des truffières, fouillées sans précaution, endommagés ou détruites par la mutilation des racines, et il condamnait le prévenu à dix mois de prison et 160 francs d'amende.

Les tribunaux de Sarlat et de Brives, dans le Périgord, avaient déjà précédé ou suivi la Cour de cassation dans sa jurisprudence nouvelle et appliquaient avant 1878 l'article 388, n° 5, que le tribunal d'Apt avait appliqué en 1865 pour la première fois[1].

Le vol des Truffes, sur les truffières, n'est pas le seul auquel ce précieux tubercule se trouve exposé. Il est commis, dans diverses circonstances, par les domestiques à gages employés au moment de la récolte; mais alors la jurisprudence est simple.

Les Truffes, comme toutes les marchandises, sont susceptibles de subir des manipulations qui les altèrent intentionnellement et qui peuvent appeler l'action

---

[1] Le tribunal correctionnel d'Auxerre avait appliqué, le 15 février 1855, l'article 388 du Code pénal, à un vol de truffes, mais il les avait considérées comme *un produit des champs* et non comme *produit des bois*.

de la justice répressive ou l'intervention de la juridiction civile. Apportées au marché, couvertes de terre,
bâties et cimentées en quelque sorte par le rabassier
qui cherche à faire une belle Truffe en agglomérant
les petites, elles constituent une marchandise si lour-
dement fraudée, que le fait n'échappe point à l'œil et
à la main du marchand, si peu habile qu'il soit.

C'est en conserve ou en boîtes qu'elles subissent
le mélange et la promiscuité des Truffes inférieures.
C'est dans les pièces truffées qu'on leur substitue les
substances les plus étranges, depuis le mérinos légen-
daire et inoffensif, jusqu'aux rondelles de liège teintes
à la noix de galle et au vitriol.

L'honnêteté et l'hygiène ont des droits égaux à ce que
cette fraude soit sévèrement recherchée et réprimée,
et j'ai, à ma connaissance, un certain nombre de faits
qui dénotent le peu de respect que certains industriels
professent pour le Code pénal et pour leurs clients.

Un lot de conserves avariées et répandant une odeur
épouvantable fut acheté, il y a une quinzaine d'années,
par une grande maison de fabrication. Les barriques
arrivées à destination furent vidées dans des bassins
où les Truffes furent lavées à l'eau courante pendant
huit à dix jours. Remises en bouteilles, après cette les-
sivation, elles furent vendues comme conserve récente.

Ce genre de malhonnêteté, cette tromperie dans la
qualité du produit, ne sont pas toujours facilement
saisissables, et il est impossible souvent de leur infliger
la répression qu'ils méritent.

L'adultération des conserves, avec des Truffes appartenant aux variétés estivales, est plus facile à constater, et quelques recherches micrographiques parviendront à reconstituer les formes caractéristiques des spores que la cuisson n'aura pas toujours altérées. Les mélanges avec les Truffes de végétaux colorés par des solutions de fer et de noix de galle seront aisément déterminés par le microscope et la chimie. Celui-là donnera les éléments constitutifs du végétal, celle-ci les réactions caractéristiques du fer, et tous les deux la certitude de la fraude.

Les altérations spontanées des conserves, celles qui peuvent survenir, parmi les Truffes les mieux choisies et de qualité réellement supérieure, par le fait de quelque vice de construction des boîtes ou de quelque lacune dans leur soudure, sont d'ordinaire très faciles à constater. Elles peuvent donner lieu à des résiliations de contrat, à des actions en justice où le témoignage de l'expert sera d'un grand poids.

Une altération, qu'il ne faudrait pas confondre avec la décomposition des Truffes et contre laquelle il faut être mis en garde, pour ne point s'en laisser imposer, se rencontre quelquefois dans les boîtes de conserves. Les Truffes s'y présentent, quand on ouvre les boîtes, recouvertes d'une espèce d'efflorescence blanche qui ressemble à de la moisissure et qui n'est qu'un amas de cristaux bien définis dont le microscope révèle immédiatement la nature et la forme. Les Truffes exhalent, en même temps, une odeur qui n'est pas encore mauvaise, mais qui n'est plus celle du tubercule parfaitement conservé.

Je n'ai point recherché la cause et la nature de ce travail particulier et intime que subissent les Truffes conservées dans les conditions que je viens de dire, mais je puis affirmer que, si les Truffes ainsi modifiées ont perdu beaucoup de leur valeur gastronomique, elles n'ont pas acquis de propriétés malfaisantes, et qu'on peut les consommer sans crainte.

Toutes les fraudes que je viens d'énumérer, et j'en passe, peuvent être déférées à la justice et amener devant les tribunaux ceux qui s'en sont rendus coupables. Mais la Truffe soulève encore bien d'autres questions qui nécessitent pour être réglées l'intervention des tribunaux jugeant au civil, car les Truffes sont l'occasion de contrats dont les clauses ne sont pas toujours respectées.

Après les vols de Truffes dont la répression est demandée à l'article 388, viennent plus souvent les demandes en résiliation de bail, en réduction de fermage, motivées par des cas de force majeure ou par des circonstances fortuites, que les tribunaux peuvent seuls apprécier.

Assez souvent, au contraire, c'est contre le propriétaire de truffières qu'une action est dirigée, par le fermier, à l'occasion de la mauvaise exploitation des coupes de bois, par les adjudicataires auxquels elles ont été vendues.

Ces adjudicataires sont tenus à l'observation de

certaines conditions, telles que la réserve des cepées truffières, et, d'autre part, il leur est interdit de se servir de certains modes d'exploitation qui pourraient compromettre la production des Truffes dans l'avenir.

Ces adjudicataires, — et le plus souvent les sous-traitants, — les *cabaniers*, comme on les appelle dans quelques pays à cause des cabanes qu'ils construisent et habitent pendant l'exploitation des bois, font table rase des cepées truffières et appliquent les moyens d'exploiter les plus économiques et les moins conservateurs.

La suppression des cepées truffières est inévitablement suivie du refus par le fermier de payer son prix de fermage; de là des difficultés qui peuvent subsister fort longtemps.

Les pourparlers sont souvent d'autant plus longs que propriétaires et fermiers habitent des départements différents, et que chacun d'eux voulant bénéficier du privilège du défendeur d'être assigné au tribunal de son chef-lieu, ni l'un ni l'autre ne veut commencer les poursuites. Le plus souvent, c'est le propriétaire qui assigne le fermier en paiement; plus souvent encore l'affaire se termine par un compromis et une sentence arbitrale.

Mais le cas n'est pas toujours aussi simple, et il surgit souvent des questions fort délicates qui sont portées successivement devant les diverses juridictions pour être tranchées.

Il n'est pas toujours facile, en effet, d'apprécier le

dommage ou le préjudice qui ont été causés à un fermier par la faute du propriétaire, ou au propriétaire
par la faute du fermier. Mais il est des cas fortuits
dont l'appréciation n'est pas possible, tant elle peut
différer suivant que tel article du Code civil est applicable à la cause plutôt que tel autre.

Dans ces conditions, la justice seule a le pouvoir
de terminer la contestation en la jugeant souveraine-
ment, ou en tranchant, au préalable, les questions de
droit qui s'y rattachent.

L'adjudication de la fouille des Truffes rentre-t-elle
dans la catégorie des baux à ferme ou dans celle des
contrats aléatoires? Par un arrêt du 26 février 1883,
la cour de Nîmes établissait que l'adjudication était un
bail à ferme, et, faisant application de l'article 1769 du
Code civil, elle admettait un des fermiers de la fouille
de la commune de Villes, qui demandait à être déchargé
du payement de 12 600 francs, à faire la preuve du
dommage que la sécheresse persistante lui avait causé,
et elle nommait des experts pour l'apprécier.

Mais, la question de droit étant vidée, il n'y avait
plus entre la commune et le truffier qu'une question
de chiffre à débattre. Une transaction intervint, qui
mit fin au débat et à l'expertise que mes deux collè-
gues et moi avions déjà commencée.

Les divers exemples que j'ai cités montrent de
quelle façon a pu être envisagée, suivant les lieux et
suivant le moment, la répression pénale du vol des
Truffes.

Au début et dans le nord, là où sa production est spontanée et de peu d'importance, la Truffe est considérée comme un produit des bois et forêts dont l'enlèvement ne constitue qu'une simple contravention punie par l'article 144 du Code forestier.

Mais actuellement, dans le Midi, où sa production même *spontanée* est régularisée, accrue et surveillée par des travaux d'appropriation et de culture, elle est considérée comme une récolte venant de mains d'homme, et son vol est puni suivant les règles du droit commun.

Cette nouvelle jurisprudence est née des efforts que s'est imposés l'agriculture pour arriver à la production de ce précieux condiment.

La Truffe est aujourd'hui protégée, et j'ai tenu à indiquer dans quelle mesure cette protection lui était donnée.

L'article 144 du Code forestier la mettait à la merci des maraudeurs.

Mais, comme le disaient si justement l'arrêt de la Cour de Nîmes et le rapporteur de la Cour de cassation : « le législateur de 1827 n'avait pu prévoir la *trufficulture*, et la substitution de la culture artificielle à la production naturelle devait avoir pour corollaire un changement dans la pénalité ».

FIN

ERRATA

Page 29, ligne 23, au lieu de : du voisinage, *lisez* : au voisinage.

— 95, — 24, au lieu de : sous la notion, *lisez* : sur la notion.

— 151, — 17, au lieu de : la rapprochent, *lisez* : la rapproche.

— 191, — 14, au lieu de : en deçà, *lisez* : puis au deçà.

— 196, — 7, *lisez* : marnes néocomiennes.

— 220, — 28, au lieu de : plantes, *lisez*, plants.

TABLE DES MATIÈRES

LYON. — IMPRIMERIE PITRAT AÎNÉ, 4, RUE GENTIL